PLANO DE MARKETING

Dados Internacionais de Catalogação na Publicação (CIP)
(Câmara Brasileira do Livro, SP, Brasil)

Polizei, Eder
    Plano de marketing / Eder Polizei. --
São Paulo : Cengage Learning, 2016.

    2. reimpr. da 2 ed. de 2010
    Bibliografia.
    ISBN 978-85-221-0890-9

    1. Marketing 2. Marketing - Planejamento
3. Planejamento estratégico I. Título.

10-00942   CDD-658.8

Índice para catálogo sistemático:
1. Marketing : Administração de empresas   658.8

PLANO DE MARKETING

2ª edição
revista e ampliada

Eder Polizei

Austrália • Brasil • Japão • Coreia • México • Cingapura • Espanha • Reino Unido • Estados Unidos

Plano de Marketing – 2ª edição revista e ampliada

Eder Polizei

Gerente Editorial: Patricia La Rosa

Editora de Desenvolvimento: Gisela Carnicelli

Supervisora de Produção Editorial: Fabiana Alencar Albuquerque

Copidesque: Mariana Gonzales

Revisão: Bel Ribeiro e Cíntia da Silva Leitão

Diagramação: PC Editorial Ltda.

Capa: Eduardo Bertolini

Pesquisa Iconográfica: Bruna Benezatto

© 2011 Cengage Learning. Todos os direitos reservados.

Todos os direitos reservados. Nenhuma parte deste livro poderá ser reproduzida, sejam quais forem os meios empregados, sem a permissão, por escrito, da Editora. Aos infratores aplicam-se as sanções previstas nos artigos 102, 104, 106 e 107 da Lei nº 9.610, de 19 de fevereiro de 1998.

Esta editora empenhou-se em contatar os responsáveis pelos direitos autorais de todas as imagens e de outros materiais utilizados neste livro. Se porventura for constatada a omissão involuntária na identificação de algum deles, dispomo-nos a efetuar, futuramente, os possíveis acertos.

A editora não se responsabiliza pelo funcionamento dos links contidos neste livro que possam estar suspensos.

Para informações sobre nossos produtos, entre em contato pelo telefone **0800 11 19 39**

Para permissão de uso de material desta obra, envie seu pedido para
direitosautorais@cengage.com

© 2011 Cengage Learning. Todos os direitos reservados.

ISBN-13: 978-85-221-0890-9
ISBN-10: 85-221-0890-0

Cengage Learning
Condomínio E-Business Park
Rua Werner Siemens, 111 – Prédio 11 – Torre A Conjunto 12
Lapa de Baixo – CEP 05069-900 – São Paulo – SP
Tel.: (11) 3665-9900 – Fax: (11) 3665-9901
SAC: 0800 11 19 39

Para suas soluções de curso e aprendizado, visite **www.cengage.com.br**

Impresso no Brasil.
Printed in Brazil.
2 3 4 5 6 7   15 14 13 12 11

AGRADECIMENTOS

Pelo auxílio voluntário, e algumas vezes de forma involuntária em conversas, discussões, comentários, e por terem me dado condições de exercer e evoluir em cada área da ciência do Marketing, agradeço a: Arnaldo Brazil Ferreira, Carlos Alberto da Silva Leite, Deborah Wahl, Edman Altheman, Emanuel Simão Balaz, Fulvio Cristofoli, Jaime Guedes de Souza, João Garção, Luciano Sathler Rosa Guimarães, Luiz Silvério Silva, Maria Ângela Costa Lino, Octávio Ribeiro de Mendonça Neto, Pamela Lowell, Pedro Soldovieri de Aquino, Robert Graziano, Rodrigo Ladeira e Rogélio Golfarb.

Agradeço, também, aos alunos da graduação e da pós-graduação das Universidades Metodista e Anhembi Morumbi de São Paulo e Universidade Unifacs de Salvador que, ao enfrentarem dúvidas e dificuldades no desenvolvimento de seus respectivos planos de marketing, contribuíram para que eu pudesse compor este livro.

INTRODUÇÃO À 2ª EDIÇÃO

Quando o próprio autor começa a sugerir aos seus alunos, colegas e interessados que não sigam seu livro na íntegra é porque uma segunda edição é mais do que necessária.

Após quatro anos de uso e cerca de 500 planos construídos com o auxílio da 1ª edição sob minha orientação, mais recomendações de colegas, e principalmente a verificação *in loco* dos pontos que de fato auxiliavam na elaboração dos trabalhos e naqueles pontos nem tão claros e didáticos, a 2ª edição era mais do que uma necessidade iminente.

É incrível como pequenas dúvidas ou comentários podem fazer toda a diferença – pois é exatamente a tônica da 2ª edição. Após intenso uso do livro, as mesmas dúvidas e dificuldades apareciam com frequência. Aquilo que no meu julgamento parecia "óbvio", "claro" e por vezes "simples" demais, para alguns o julgamento era outro.

Alguns conceitos estão mais "mastigados", outros exemplos mais claros e principalmente muitos dos pontos mais complexos foram completamente remodelados a fim de explicitar o óbvio. Aliás, o principal motivo do livro: destacar a obviedade na elaboração de um plano de marketing. Em outras palavras, que o livro seja um guia prático, objetivo e descomplicado.

Espero que você tenha esta exata impressão.

SUMÁRIO

Introdução à 2ª edição   vii
Apresentação   xiii

CONCEITOS GERAIS DO PLANEJAMENTO DE MARKETING   1
    Dilemas do planejamento   2
    Produtos e serviços   3
    Estrutura do plano de marketing   4
    Plano de marketing *versus* plano estratégico de negócio   4
    Sugestões antes de iniciar o plano de marketing   5
        Formato e redação   6
    Conteúdo do plano de marketing   7
Resumo   9
Palavras-chave   10
Exercício   10

Parte 1   SUMÁRIO EXECUTIVO   13
    1.1   Declarações de visão e missão   14
        1.1.1   Declarações de visão   14
        1.1.2   Declarações de missão   15
Resumo   16
Palavras-chave   17
Exercícios   17

Parte 2   INVESTIGAÇÃO AMPLA DE MERCADO   19
    2.1   Macroambiente de marketing   20
        2.1.1   Forças políticas/legais   20
        2.1.2   Forças econômicas   21
        2.1.3   Forças sociais   21
        2.1.4   Forças tecnológicas   22
        2.1.5   Forças ambientais   22
        2.1.6   Forças culturais   23
    2.2   Microambiente de marketing   24
        2.2.1   Fornecedores   24

      2.2.2 Intermediários 25
      2.2.3 Clientes 25
      2.2.4 Concorrência 25
2.3 Matriz BCG 26
Resumo 32
Palavras-chave 32
Exercícios 32

Parte 3 ANÁLISE SWOT E SELEÇÃO DE MERCADO-ALVO 33
3.1 Análise da concorrência 35
3.2 Seleção do mercado-alvo 36
      3.2.1 Diferenciação 41
      3.2.2 Posicionamento 42
3.3 Seleção de público-alvo 42
Resumo 44
Palavras-chave 45
Exercícios 45

Parte 4 ESTRATÉGIA DE MARKETING 47
4.1 Produto 47
4.2 Preço 48
      4.2.1 Preço base custo 48
      4.2.2 Preço base concorrência 49
      4.2.3 Preço base consumidor 50
4.3 Ponto de venda 51
4.4 Promoção 51
Resumo 53
Palavras-chave 54
Exercícios 54

Parte 5 METAS E OBJETIVOS 55
5.1 Metas 55
5.2 Objetivos 55
      5.2.1 Demanda de mercado 56
      5.2.2 Potencial de mercado 57
      5.2.3 Previsão de vendas 58
      5.2.4 Coleta de participação 58
      5.2.5 Pesquisas 59
      5.2.6 Análise macroambiental 60
      5.2.7 Análise de séries de tempo 62
Resumo 62
Palavras-chave 62
Exercícios 62

Parte 6 PLANO DE AÇÃO 63
    Resumo 64
    Palavras-chave 64
    Exercícios 64

Parte 7 VIABILIDADE FINANCEIRA 65
    Resumo 71
    Palavras-chave 72
    Exercícios 72

Parte 8 CONTROLES 73
    Resumo 73
    Palavras-chave 74
    Exercícios 74

Apêndice **EXEMPLO DE PLANO DE MARKETING 75**

Anexo **Pesquisa – bares São Paulo 141**

APRESENTAÇÃO

Por que planejamos? Qual é o pressuposto básico e/ou necessidade em planejar? Por que ao convidar amigos para um jantar em nossa casa tentamos adequar o máximo possível a quantidade de comida ao número de convidados? Por que a alta cúpula da empresa em conjunto com seus estrategistas tenta, com o mesmo desespero do jantar, imaginar como será o ano seguinte? A resposta para ambas as questões encontra o mesmo dilema: a imprevisibilidade!

O mercado, as empresas e o próprio consumidor mudam. Todas as condições ambientais também se alteram ano após ano. Partindo desta afirmação, é óbvio reconhecermos que se não houvesse alterações, não seria necessário planejar; bastaria repetir as decisões tomadas no ano anterior ou fazer pequenos ajustes e tudo estaria resolvido.

Diante disso, podemos entender a razão real por que planejar é crucial. Segundo Drucker (1964), "o planejamento não diz respeito a decisões futuras, mas às implicações futuras de decisões no presente", isto é, planejar significa decidir no presente o que se pretende fazer no futuro. Portanto, o plano de marketing é um documento ou uma proposta desenvolvida *a priori*, ou seja, descreve uma realidade possível, verossímil e rentável acerca de um negócio a ser implementado em um futuro próximo. A elaboração do plano de marketing deve referenciar-se sempre a uma realidade futura, tendo como ponto de partida situações atuais. Isto implica dizer que o planejador deve ser, antes de tudo, alguém sintonizado com as possíveis oportunidades e ameaças do futuro.

O trabalho de um planejador é carregar a mesma imprevisibilidade e insegurança caracterizada pelo mercado. Planejar no Brasil é especialmente complexo e difícil, justamente pelo fato de que nosso mercado não se caracteriza por ser um dos mais calmos e serenos do globo.

Outro agravante ao trabalho do estrategista é ter seus direcionamentos/definições orientados pelo orçamento da empresa. Este problema reside no fato de que não raro, ao estudar o mercado, nos deparamos com excepcionais oportunidades e/ou áreas extremamente lucrativas, às quais não podemos direcionar nossos esforços, pois a tal área financeira, ao definir o orçamento a ser direcionado em investimentos ao ano seguinte, não segue a lógica de mercado, ou, ainda, costuma definir o montante a ser investido com base nas informações da própria empresa (análise interna), quando deveria partir do mercado (análise externa – orientada para o marketing).

O objetivo deste livro é fazer que o leitor se familiarize com as etapas necessárias à elaboração de um plano de marketing e suas implicações para o mercado, para a empresa e principalmente para o consumidor, que é o principal beneficiário do conceito defendido no plano.

É natural que um empreendedor, principalmente no Brasil, utilize somente sua experiência e intuição para definir novos negócios a explorar. Não estamos dizendo com isso que devemos deixar tais qualidades de lado, porém, além de experiência e intuição, o plano necessita de planificação, estrutura, análise e, finalmente, de mensuração dos dados levantados.

Este livro auxiliará o empreendedor a melhor destacar os pontos cruciais que lhe permitam diminuir o risco de fracasso em um novo negócio e, também, melhor organizá-los para maximizar o retorno sobre o investimento do planejador.

Um plano de marketing, antes de tudo, é um guia que contém todas as implicações de um novo negócio. Ele especifica e ajuda a definir o melhor uso para os recursos disponíveis à empresa ou ao empreendedor. Também serve como disciplinador aos empreendedores. É natural que o ser humano busque atalhos em suas atividades e rotinas. O plano de marketing não permite este caminho.

Na definição de um novo negócio algumas etapas são normalmente negligenciadas, ora para se ganhar tempo, ora simplesmente porque se dá mais importância a outra fase do empreendimento. Um plano de marketing bem elaborado não permite que etapas ou fases sejam negligenciadas ou que sejam tratadas com importância menor, em função justamente do caráter de interdependência que as partes devem ter.

O que estamos afirmando é que a construção do plano de marketing se dá de forma sistêmica e integrada, em que cada parte contribui para a construção correta das posteriores. Este livro dará não somente todas as ferramentas à elaboração de um plano de marketing, como contribuirá para que os leitores pensem de forma mais estratégica, ampla e racional acerca de novas propostas e ideias.

CONCEITOS GERAIS DO PLANEJAMENTO DE MARKETING

Como o próprio nome sugere, o planejamento de marketing tem como base primária de organização e controle um documento formal conhecido por plano de marketing. Planejar, em um contexto mais amplo, corresponde a conjeturar, traçar, projetar, ou, ainda, "planear". Em todos os casos, remete-se a conceitos ligados à organização da imaginação em torno de um objetivo futuro. O plano de marketing dirige os esforços da empresa ou de um empreendedor a um objetivo comum e desejado por meio de um produto ou serviço.

O ponto crucial na elaboração do plano é a organização sistemática de ideias e sua posterior conversão em conceitos exequíveis, racionais e, por fim, rentáveis. Mas a ideia por si só não define um bom plano de marketing. Ideias novas existem aos milhares. O que distingue um plano de marketing de uma simples ideia é a preocupação não somente com as características e inovações do produto ou serviço, mas também a consideração de mercados a serem satisfeitos, a clara diferenciação em face da concorrência e do posicionamento de mercado, uma equação financeira bem definida e resolvida, entre outras. A competitividade hoje é grande, e os recursos cada vez mais escassos:

> Os departamentos de marketing tinham à sua disposição enormes orçamentos para desenvolver e lançar novos produtos e também para educar os consumidores a se comunicarem com eles, visando gerar experimentação, repetição da compra e fidelidade à marca.[1]

---
[1] KOTLER, P.; TRIAS DE BES, F. *Marketing lateral*. 1. ed. Rio de Janeiro: Campus, 2004. p. 19.

DILEMAS DO PLANEJAMENTO

Um agravante ao trabalho do planejador é que normalmente seus direcionamentos/definições são orientados pelo orçamento da empresa.

O problema ocorre devido ao fato de não raramente, ao estudar o mercado, deparamo-nos com excepcionais oportunidades e/ou áreas extremamente lucrativas, às quais não podemos direcionar nossos esforços, pois a área financeira, ao definir o orçamento a ser direcionado em investimentos ao ano seguinte, não segue a lógica de mercado, ou costuma definir o montante a ser investido com base nas informações da própria empresa (análise interna), quando deveria partir do mercado (análise externa – orientada pelo marketing).

Quando inicia-se o planejamento pelo orçamento, e não pelas oportunidades de mercado, três situações podem ocorrer:

- o orçamento definido pela empresa atende com precisão às necessidades do mercado;
- o orçamento fica aquém do necessário a uma correta estratégia, e não raro possíveis ganhos extras não são aproveitados;
- o orçamento é superestimado para o mercado, e gastos desnecessários são apontados.

Não seria prematuro afirmar que normalmente a segunda opção é a mais escolhida pelas empresas, e que a primeira quase nunca é alcançada, apesar de ser a mais desejada?

Outro dilema comum ao planejamento consiste na cultura de curto prazo que a maioria das organizações preconiza. Apesar de o planejamento ser de natureza estratégica, grande parte das empresas opera de forma tática e encontra enormes dificuldades em pensar a médio e longo prazos. Há uma estatística amplamente divulgada no ambiente empresarial que mostra que, ao considerar as empresas de médio e grande porte, apenas 10% delas realizam seu planejamento de forma consistente. Além disso, dentre essas empresas apenas 10% implementam o plano. Em outras palavras, na prática apenas 1% de todas as empresas de médio e grande portes operam o planejamento estratégico de forma integral.

Isso ocorre porque o tempo médio de permanência nos cargos na maioria das empresas é inferior ao tempo necessário entre desenvolver um planejamento adequado e sua posterior implementação, o que implica evidenciar que normalmente um executivo que conduz um estudo minucioso, visando o adequado desenvolvimento da empresa, não será o mesmo executivo que operacionalizará este estudo.

Para complicar ainda mais essa situação, se a empresa é de capital aberto, existe a natural pressão do *board* de acionistas por resultados em curto prazo e, ainda, naturais oscilações da bolsa de valores que podem eventualmente influenciar de forma negativa o desenvolvimento natural do referido planejamento.

O ponto de partida para o correto desenvolvimento de um plano estratégico é justamente qual deve ser o "norte" da empresa. Em outras palavras, o que o negócio deseja ser no futuro.

Para tanto, a definição correta de missão e visão do negócio é fundamental. As declarações de visão e de missão do negócio costumam auxiliar os avaliadores, os acionistas e principalmente os colaboradores a entender melhor o negócio e, como consequência, ficam estimulados a implantá-lo. Não é uma tarefa simples defini-las. A confusão acerca de sua elaboração é comum no mercado.

PRODUTOS E SERVIÇOS

O conceito de produto e serviço deve estar contido na elaboração do plano de marketing. O senso comum define, respectivamente, produto e serviço como "objetos e ações, esforços ou desempenhos executados por um terceiro".[2]

Todavia, em marketing, o produto/serviço não existe. O que consideramos na elaboração de um plano é o benefício que trará ao público-alvo. O consumidor compra uma furadeira porque ele necessita e deseja, na verdade, um furo. Se no futuro for descoberta uma nova forma de fazer furos sem o uso da furadeira, ela deixará de existir para dar lugar a um novo produto. Aprofundando ainda mais o exemplo: alguns podem necessitar apenas de um "buraco", ao passo que outros necessitam de um furo muito mais preciso. Para cada caso há um tipo específico de furadeira ou dispositivo. Mas o objetivo final continua sendo um furo!

Para elaborar um plano de marketing é fundamental estabelecer quais benefícios do produto ou serviço não estão sendo atendidos, ou atendidos de forma precária no mercado. A furadeira atende com eficácia às necessidades e aos desejos do consumidor?

Este tipo de questão deve estar bem alinhado à construção do plano de marketing. O consumidor define escolhas e compras por meio de critérios racionais e emocionais na mesma medida. Racionais são questões como: a furadeira faz um furo realmente plano? Sem aspereza? É silenciosa? Necessita de muita força na operação? Emocionais são, por exemplo: Ela é bonita? A cor me agrada? A marca possui uma boa reputação? Confere *status*?

Costumamos afirmar que a necessidade do consumidor está associada às questões de ordem racionais, e os desejos, às emocionais. O que deve ficar claro é que ambas exercem papéis fundamentais na escolha. Alguns produtos e serviços possuem maior apelo emocional, enquanto outros falam mais à razão.

Tendo em vista ainda os pontos de destaque no plano, é necessário priorizar conceitos em lugar de ideias. As ideias são o ponto de partida, mas é dever do plano transformá-las em conceitos. Posso ter como ideia um pó para adicionar à água. Para a elaboração de um plano, porém, é necessário definir com mais exatidão seu público-alvo e objetivo. Como exemplo, podemos destacar a ideia sugerida e transformá-la em vários conceitos, a saber:

---

[2] BATESON, John E. G.; DOUGLAS Hoffman K. *Princípios de marketing de serviços* – conceitos, estratégias e casos. 2. ed. São Paulo: Pioneira Thomson Learning, 2003. p. 5.

- refresco para crianças;
- complemento alimentar para idosos tomarem antes de dormir;
- regulador intestinal para pessoas de meia-idade;
- energético para misturar em bebidas alcoólicas;
- isotônico de recomposição de sais minerais para atletas; entre outros.

ESTRUTURA DO PLANO DE MARKETING

Um bom plano deve conter subsídios necessários para convencer os possíveis investidores, envolvidos, ou, ainda, os níveis superiores de uma organização. O convencimento, portanto, deve ser estimulado a partir de dados e informações coerentes e precisas acerca do produto ou serviço a ser apresentado.

Outro ponto a ser considerado é sua construção sistêmica, ou seja, todas as partes que compõem o plano devem estar integradas de maneira equilibrada, sendo entendidas como mutuamente dependentes. O que destaco é que cada parte do plano deve ser considerada como uma engrenagem de um grande relógio, um componente do todo que, se retirado, faz que o resto deixe de funcionar e, portanto, de existir.

Na construção do plano, as partes que o compõem devem ser construídas de forma complementar, integralizando-o à medida que seja elaborado, de forma que uma parte posterior seja diretamente dependente da anterior. Em outras palavras, para se compor um plano é necessário primeiramente fazer os alicerces, depois produzir as colunas, levantar as paredes, fazer o telhado, e somente ao final aplicar o acabamento.

Um erro comum na construção de um plano de marketing é justamente desrespeitar esta regra de integralização. É normal que várias pessoas desenvolvam o plano em conjunto e, na maioria das vezes, é tentador dividir as tarefas pela simples separação das partes formais que o compõem. Todavia, juntar as peças no final mostra-se um tanto complexo, em razão do já destacado formato sistêmico, ou a dependência mútua das partes.

PLANO DE MARKETING *VERSUS* PLANO ESTRATÉGICO DE NEGÓCIO

Outra confusão comum consiste na diferenciação entre o plano de marketing e o plano de negócios, conhecido por plano estratégico da empresa.

O plano de marketing é mais prático e dirigido à sensatez do mercado. Os detalhes de sua execução devem se manter em segundo plano. Por outro lado, o plano estratégico deve conter os pormenores de ordem interna da corporação para controle, acompanhamento de atividades, informação e mobilização de pessoas e principais departamentos da empresa quanto aos aspectos cruciais de sua implantação. Parte dos pormenores de ordem interna pode estar relacionada às áreas de pesquisa e desenvolvimento e operações.[3]

---

[3] BERKOWITZ, Eric N. *et al. Marketing* – v. I-II. 6. ed. Rio de Janeiro: LTC, 2003. p. 56.

Duas condições dignas de destaque e comuns a ambos os planos são: no desenvolvimento de ambos os planejadores devem imaginar atingir um mercado no futuro, considerando sua evolução natural, e a do consumidor, para que atenda às suas necessidades e aos seus desejos.

Um dilema corriqueiro encontra-se no julgamento inadequado do que será relevante ao mercado no futuro próximo. Normalmente, os planos atendem com eficácia ao mercado atual, em decorrência de todos os dados disponíveis à época da elaboração do plano. Tais dados são ora de origem atual, ora de um histórico, por sorte, não muito distante.

Nos últimos anos, o escopo do planejamento estratégico vem ocupando cada vez mais uma função mercadológica. Alguns autores inclusive referem-se a ele como "planejamento estratégico orientado para o mercado" – como se algum tipo de planejamento não devesse ser orientado para o mercado, ou mesmo visar à satisfação plena do principal elemento do mercado, o consumidor.

No geral, podemos afirmar que não existem muitos elementos para diferenciar os dois tipos de plano. O que destaco é que, independente da complexidade da empresa, do negócio ou do conceito e da amplitude ou horizonte a serem considerados, devemos poder optar, sempre que possível, pelo plano de marketing.

Ambos os planos são idênticos quanto aos objetivos, à aplicação e ao escopo, mas o estratégico será mais adequado quando pensarmos no conjunto da empresa, porque incluirá as implicações entre todas as funções da organização, e não somente um produto ou serviço isolado. Para finalizar, o plano de marketing, mesmo na elaboração de um plano estratégico da empresa, deve nele estar contido e pode, em algumas situações, representar 80 ou 90% do total do plano de negócios.

A duração de cobertura, ou a amplitude a ser atendida na construção de um plano de marketing, pode variar de 1 a 10 anos, dependendo do mercado-alvo. Alguns setores têm como característica justamente passar por períodos longos de relativa calmaria. Outros, entretanto, possuem uma atividade estrutural bastante significativa, com muita concorrência, e demandam que o plano de marketing leve em conta uma amplitude menor, ou, que sejam constantemente revisados.

SUGESTÕES ANTES DE INICIAR O PLANO DE MARKETING

Algumas perguntas são fundamentais e devem ser destacadas antes de se iniciar um plano de marketing:

- o conceito de produto/serviço está bem definido ou é apenas uma ideia a ser transformada em conceito?
- qual é o diferencial para o consumidor, ao optar por esse conceito em detrimento de algo já oferecido ou em vias de ser lançado pela concorrência?
- existe um mercado considerável para o conceito, tanto em termos de demanda quanto de fácil ou relativa acessibilidade?

- o tamanho do mercado a ser atingido atende aos objetivos de retorno financeiro?
- é um mercado promissor nos próximos anos, ou já dá indícios de queda de volume?
- existe muita atividade estrutural no segmento, ou seja, há muita concorrência? Se há, ela é predatória ou desleal?
- o retorno financeiro do negócio cobre os investimentos? É relativamente maior que o efetivamente pago pelos bancos, no caso de uma aplicação similar ao investimento?
- o plano é operacional? É exequível?

Outra questão a ser considerada na elaboração de um plano de marketing é o distanciamento emocional necessário aos executores. É comum o conceito ser tratado como "filho" dos mercadólogos, cegando-os quanto aos possíveis riscos e pontos fracos do produto/serviço. Por vezes, as ameaças e pontos fracos são vistos com menor rigor quando comparados aos pontos fortes e oportunidades, o que evidencia uma tendência a aprovar a todo custo o plano desenvolvido.

O conteúdo do plano deve representar a clara realidade do mercado. Todos os pontos devem ser considerados, independente do seu grau de impacto. Fazendo-se desta forma, o convencimento dos avaliadores é facilitado, porque não há mais a desconfiança de que estejam sendo enganados por julgamentos tendenciosos.

Ao elaborar o plano de marketing, evite pensar demasiadamente nos recursos atuais da empresa. Por vezes, historicamente a empresa pode ter vetado projetos similares aos apresentados no plano, mas isto não deve levar os planejadores a adotar uma tendência mais conservadora, desconsiderando as reais oportunidades de mercado em detrimento de planos mais "aprováveis".

Não estamos dizendo que cautela ou senso de realidade da empresa não devam ser a tônica na elaboração do plano. Todavia, qualquer empresa se mostra mais sensível à aprovação de novos projetos quando são verdadeiros e com a possibilidade de retorno financeiro mais alta do que a média do mercado.

Há, ainda, planos que são elaborados levando-se mais em consideração aspectos internos do que externos ou de mercado. É comum os planejadores definirem a demanda do produto/serviço levando em conta simplesmente a capacidade produtiva da empresa. É como se a parte mais difícil na implantação do plano coubesse à manufatura, quando sabemos que o sucesso do planejamento é medido no momento em que o consumidor compra o produto ou experimenta o serviço definido no plano. Em outras palavras, o plano é definido de forma equivocada pensando em quanto o mercado deveria, e não em quanto estaria disposto a comprar.

Formato e redação

Um plano de marketing eficaz deve ter um formato de fácil leitura e interpretação. Afinal de contas, um dos seus objetivos é justamente convencer o avaliador do conceito defendido. Portanto, nada mais recomendado do que elaborar o plano da forma mais objetiva e clara possível.

Outras recomendações:

- ao redigir o plano, procure ser direto e profissional. Evite superlativos ("fantástico", "excepcional", "maravilhoso"), para manter um certo distanciamento emocional e evitar que o avaliador se sinta induzido por afirmações tendenciosas;
- utilize sempre que possível o formato em itens para informações que não necessitem de maiores explicações. A leitura se torna mais rápida e direta;
- evite escrever na voz passiva e no passado. Prefira tempos no presente ou futuro e na voz ativa;
- use recursos visuais (gráficos, tabelas, referências, ilustrações) sempre que possível. Entretanto, não exagere nesses recursos apenas para tornar o plano "robusto". Eles devem ser compreendidos como necessidade natural da argumentação, à medida que permitem a apresentação de informações de forma ampla;
- sempre que apresentar algum dado ou informação relevante e de impacto ao plano, cite a fonte. Isto ajuda a convencer o avaliador e, ao mesmo tempo, demonstra a seriedade da pesquisa realizada;
- elabore um *layout* agradável. Defina uma ordem de assuntos que permita aos avaliadores iniciarem a leitura do mais amplo para o mais específico. Fazendo assim, você ajuda na interpretação do conteúdo;
- defina um tamanho compatível à complexidade do plano. O de conceito mais simples não deve conter mais de 60 páginas, excluindo os anexos. Já o plano mais elaborado, referente a um mercado mais complexo, deve ter entre 100 e 200 páginas;
- o plano de marketing, em última instância, deve ser: descritivo, analítico e, por fim, conclusivo.

O maior desafio na elaboração do plano é fazer com que ele seja coerente. Ao final da leitura, o avaliador deve pensar: "eu colocaria meu próprio dinheiro nesse projeto", "faz todo sentido", "isso é uma oportunidade real e não devemos deixar passar".

Sua confecção não é uma tarefa fácil. Na verdade, exige uma disciplina mental elaborada, estruturada e sistêmica, porque o planejador deve se preocupar não somente com o conteúdo, mas com as implicações de todas as recomendações ali desenvolvidas. Um plano bem elaborado denota um planejador congruente, organizado e, principalmente, responsável por uma ideia altamente estruturada.

Vale destacar que o desafio se torna gratificante ao planejador no momento em que o plano é aprovado e centenas, ou milhares de pessoas, são mobilizadas para implementar o conceito desenvolvido.

CONTEÚDO DO PLANO DE MARKETING

A literatura atualmente disponível a respeito do plano de marketing tende a trazer conteúdos diferentes à primeira vista. Todavia, após uma análise mais aprofundada, podemos verificar que eles são muito semelhantes, salvo algum detalhamento em determinada parte, ou a inversão de determinado ponto destacado em algum momento do plano.

As partes que compõem o plano devem ser complementares e interdependentes. Sua elaboração deve respeitar um conceito sistêmico de construção, ou seja, as partes são cruciais, mas o plano como um todo é que lhes dará sustentação no final das contas. Em outras palavras, deve-se aplicar integralmente o conceito de *gestalt*, segundo o qual o todo é mais importante que a somatória das partes que o compõem.

Outro ponto a se destacar na elaboração do plano de marketing corresponde à coerência e, ao mesmo tempo, à racionalidade dos dados ali apontados. Não se deve incluir informações desnecessárias para tornar o plano mais robusto. A escolha correta dos argumentos é também um fator de distinção e, claro, de avaliação da qualidade do plano de marketing.

A proposta deste livro, quanto ao conteúdo formal de um plano de marketing, é auxiliar tanto na sua composição quanto em sua argumentação.

O plano de marketing deve conter nove partes, a saber:

1. **Sumário executivo**
   - Resumo dos principais destaques do plano de marketing.
   - Definição de missão e visão do negócio a ser defendida.
   - Descrição obrigatória dos itens: investimento, retorno financeiro, conceito do produto/serviço e seu principal diferencial em relação à concorrência, e outros fatores relevantes, a serem destacados de forma sucinta.
2. **Investigação ampla de mercado**
   - Todos os dados relevantes de mercado – macro e microambientais, como demanda, crescimento, características, forças sociais e políticas, entre outras – que possam ter impacto direto ou indireto no conceito a ser defendido pelo plano.
   - Estrutura e dinâmica do mercado a ser atingido.
   - Matriz BCG – identificação dos mercados em crescimento, estagnados e em declínio, para se definir melhor o foco de atuação.
3. **Análise SWOT e seleção de mercado-alvo**
   - Forças e fraquezas da empresa, e oportunidades e ameaças do mercado.
   - Análise da concorrência.
   - Diferenciação da oferta de marketing
4. **Estratégia de marketing**
   - Estratégia ampla e descrição detalhada do produto/serviço, preço, pontos de venda e comunicação integrada de marketing.
   - Principal diferencial do conceito em relação à concorrência.
   - Posicionamento do conceito no mercado.
5. **Metas e objetivos**
   - Metas – itinerário básico para chegar ao destino desejado. Intenções gerais do conceito.

- Objetivos – resultados mensuráveis relacionados à meta previamente estabelecida.
- Volume de vendas e participação de mercado.
6. **Plano de ação**
    - Principais atividades de sustentação à implantação do plano de marketing.
    - O que, quando e quanto.
7. **Viabilidade financeira**
    - Principais projeções financeiras do plano de marketing.
    - Investimentos, custos, margens, receitas, retorno financeiro, entre outros.
    - Construção do fluxo de caixa e demonstrativo de resultados.
8. **Controles**
    - Monitoramento do plano após o lançamento do conceito.
    - Plano de contingência.
9. **Anexos**
    - Dados primários – pesquisas realizadas exclusivamente para dar apoio ao plano.
    - Dados secundários – referências, artigos, tabelas e dados estatísticos.

RESUMO

1. O documento formal para análise, planejamento, implementação e controle é o plano de marketing.
2. O plano de marketing abrange, além de uma ideia em relação a um mercado a ser atendido, uma diferenciação clara perante a concorrência, uma equação financeira bem resolvida, entre outras.
3. Um produto é algo tangível ou concreto, ao passo que um serviço é predominantemente intangível. Todavia, o plano de marketing pode ser utilizado tanto para defender um conceito quanto outro.
4. Na elaboração de um plano de marketing, deve-se considerar o produto ou serviço, e seu benefício ao consumidor.
5. Ao definir suas compras, o consumidor utiliza-se de critérios tanto racionais quanto emocionais.
6. O plano de marketing deve descrever conceitos no lugar de ideias. O conceito abrange a funcionalidade e o público-alvo a ser atingido.
7. A ordem formal das partes que compõem o plano de marketing deve ser respeitada, para que uma parte sirva de subsídio à posterior.
8. No plano de marketing, 80 ou 90% correspondem ao plano de negócios da empresa.
9. Os diversos modelos de planos de marketing disponíveis no mercado podem, em um primeiro momento, parecer diferentes. Porém, após uma análise mais minuciosa, os pontos a serem considerados na elaboração são muito semelhantes.

10. O conteúdo do plano, em linhas gerais, é este:

1. Sumário executivo	Resumo do plano com os principais destaques
2. Investigação ampla de mercado	Análise do macro e microambiente de mercado
3. Análise SWOT e da concorrência	Forças, Fraquezas, Oportunidades e Ameaças, Análise da Concorrência, Seleção de Mercado-alvo
4. Estratégia de marketing	4Ps – Produto, Preço, Ponto de venda e Promoção
5. Metas e objetivos	Demanda que será comercializada
6. Plano de ação	Cronograma com as principais atividades O que, quando e quanto
7. Viabilidade financeira	Fluxo de caixa e demonstrativo de resultados
8. Controles	Pós-lançamento e plano de contingência
9. Anexos	Material secundário de consulta

Palavras-chave:

Plano de marketing, análise, planejamento, implementação, controle, produto, serviço, tangível, intangível, benefício, ideia, conceito, plano de negócios, visão, missão, macroambiente, microambiente, posicionamento de mercado, volume de vendas, participação de mercado, 4 Ps, diferenciação, atividades de implementação, investimento, retorno financeiro, monitoramento, contingência.

 EXERCÍCIO

Estudo de caso: Corley Motors
Sobre a empresa

A Corley Motors, fundada em 1903 para a fabricação e comercialização de motocicletas de grande porte no mercado americano, passou por diversas crises, duas guerras mundiais e chegou à década de 1980 na liderança em sua categoria, com uma participação no mercado de alta cilindragem (acima de 800 cc) da ordem de 60%.

A marca gozava de extrema lealdade por parte dos motociclistas americanos, que consideravam a Corley a melhor moto e a "cara da América". Sua tradição era algo inquestionável entre os clientes, que aguardavam até três meses para receber a sua moto. Elas eram vendidas apenas por encomenda e não havia muita oferta por parte da empresa, porque a Corley adotava uma tática conhecida por "estratégia de demanda", que consiste em produzir menos do que o interesse do mercado em comprar. Com isso, a procura aumenta e os preços se elevam. Com um ano de uso, as Corley alcançavam preços maiores que as novas, porque no caso da moto usada a entrega era imediata, e com a nova o prazo era de três meses em média. Assim, o valor de revenda de uma moto Corley usada era extremamente alto.

A empresa operava com apenas 20% da sua capacidade instalada. Poderia produzir, por exemplo, 100 motos ao dia, mas só fabricava 20, pelas razões já apontadas. Outro agravante da política da Corley era que a empresa tinha o pior atendimento pós-venda, o pior serviço e a oficina mais suja e desorganizada, se comparada aos concorrentes diretos. Além disso, não tinha uma política definida de propaganda e promoção de vendas.

Sobre o mercado

Os clientes da Corley tinham média de idade acima dos 50 anos, quase todos homens e pertencentes à classe social mais afortunada do mercado americano. Isto contrastava com a média de mercado, 70% composta por homens pouco acima de 30 anos, pertencentes às classes A e B. Esta parcela, além de majoritária, tinha maior potencial de crescimento em relação ao mercado mais restrito da Corley. A Corley Motors estava operando no quadrante conhecido como "Vaca Leiteira"[4] (alta participação de mercado, mas o setor em que ela estava atuando havia deixado de crescer).

Os outros competidores eram os japoneses, que possuíam motos de qualidade superior, com menor custo, ofereciam melhor atendimento tanto na venda quanto na pós-venda, tinham um serviço excepcional e adotavam uma estratégia agressiva de propaganda e promoção. Com isso, dominaram praticamente todo o restante do mercado de motos (33%), dividindo-se entre duas marcas fortes: Ondara e Chamassaki.

Oportunidade

Ondara, líder no segmento de vans de luxo no mercado japonês, propôs uma *joint-venture* (parceria de negócios) com a Corley, para aproveitar tanto a capacidade ociosa como o forte nome da Corley no mercado local. Em troca, ela cederia o *know-how* da fabricação de vans de luxo.

O mercado de vans de luxo se encontra no quadrante "estrela"[5] (alta participação e alto crescimento de mercado). Este setor é mais confortável de se operar, porque não se encontra estagnado como o de motos de alta cilindragem.

 PERGUNTAS

- É necessário que se faça algo no momento? Justifique sua resposta.
- Que estratégia deve-se assumir com a Corley Motors para consolidar a marca e fazê-la crescer no mercado em participação e lucratividade?

---

[4] Ver Parte 2 – Matriz BCG.
[5] Ver Parte 2 – Matriz BCG.

ROTEIRO DE CONCLUSÃO DE CASO

1. Identificação do(s) problema(s) e suas causas.
2. Análise situacional.
3. Proposição de oportunidades não reveladas no caso.
4. Proposições estratégicas viáveis à solução do caso.
5. Escolha da alternativa de proposição estratégica mais adequada.
6. Montagem de um cronograma com as principais ações a serem realizadas.

Parte 1

SUMÁRIO EXECUTIVO

Sumário executivo é um resumo com os principais pontos do plano de marketing. Na verdade, é mais do que um simples sumário, "é o planejamento como um todo, só que mais resumido".[1]

Normalmente o sumário executivo possui apenas uma página, para despertar o interesse do avaliador em analisar os detalhes e a defesa do plano de marketing, definidos nas partes subsequentes. Isto implica dizer que a qualidade do sumário executivo é medida pela capacidade de estimular a leitura do restante do plano e sua avaliação posterior. É imprescindível, para tanto, que tenha um formato atrativo e que aborde os pontos mais relevantes.

Alguns itens são cruciais e obrigatórios:

- investimento – montante e principais itens a serem adquiridos;
- retorno financeiro – previsão do tempo médio para devolução do investimento ao bolso do investidor e, principalmente, a que taxas de ganho de capital;
- conceito a ser defendido no plano de marketing – descrição do produto ou serviço e do principal impacto do conceito da estratégia no público consumidor;
- público-alvo e objetivo – detalhamento sobre o público consumidor, real e potencial, a ser atingido, bem como a finalidade do produto ou serviço;
- visão e missão – apresentação dos objetivos do negócio e declaração do seu propósito, ou sua direção estratégica –, em uma frase;
- outros itens de relevância – previsão de vendas, preços, aspectos de promoção de marketing e estratégias de distribuição, entre outros.

Por ser composta pelos principais pontos do plano de marketing, a redação do sumário executivo deve ser deixada para o final, quando todo o plano estiver pronto. A exceção se dá com relação às declarações de missão e visão, que devem ser definidas antes de iniciá-lo.

A definição do que é importante destacar no sumário executivo deve partir de uma análise empática da leitura. O planejador deve considerar principalmente a visão do avaliador, nunca a sua própria. É tentador querer destacar aquilo que tenha sido mais bem elaborado ou explanado, mas esses aspectos podem não ser os mais

---
[1] PETERSON S. D.; TIFFANY, P. *Planejamento estratégico*. 6. ed. São Paulo: Campus, 1999. p. 15.

relevantes aos avaliadores. O formato ideal do sumário executivo depende de uma disciplina mental minuciosa, porque são justamente os pontos destacados que definirão se o avaliador continuará ou não a análise do plano.

1.1 DECLARAÇÕES DE VISÃO E MISSÃO

As declarações de visão e de missão do negócio costumam auxiliar o avaliador a entender melhor o plano e, como consequência, ficar estimulado a avaliá-lo.

Não é uma tarefa simples defini-las. A confusão acerca de sua elaboração é comum no mercado.

1.1.1 Declarações de visão

A declaração de visão expressa a direção que a empresa pretende seguir, ou um contorno geral sobre o que deseja ser. Trata-se da apresentação da personalidade e do caráter da empresa, reflexo de suas aspirações e crenças. Além disso, aponta um caminho para o futuro, em direção ao qual as ações deverão seguir. Deve transcrever as maiores esperanças e os sonhos da empresa, expressos em "uma ou duas frases que anunciam aonde sua empresa quer chegar, ou traçar um quadro amplo do futuro que você deseja para a sua empresa".[2]

Seguem alguns exemplos de visão:

Nestlé

Manter a empresa como a maior em termos de alimentos industrializados e conseguir a liderança nos segmentos em que atua; assegurar o progresso social e profissional dos colaboradores; contribuir para o desenvolvimento da sociedade; manter a liderança tecnológica; manter a imagem de excelência e qualidade.

Petrobras

Atuar focada na rentabilidade e responsabilidade social. A Petrobras é uma empresa de energia com forte presença internacional e líder na América Latina.

Souza Cruz

Liderar o mercado brasileiro de produtos de tabaco de forma responsável e inovadora, assegurando a sustentabilidade do negócio através do desenvolvimento de nossos talentos e de nossas marcas.

Apple Computers

Mudar o mundo por meio da tecnologia.

Ford

Democratizar o automóvel (1900).

---

[2] Idem, p. 16.

Sony
Tornar-se a companhia mais conhecida por mudar a imagem negativa dos produtos japoneses (1950).

Nike
Derrotar Adidas (1960).

Honda
Nós vamos destruir a Yamaha (1970).

Walt Disney
Fazer as pessoas felizes.

Pepsi Co.
Derrotar a Coca-Cola.

1.1.2 Declarações de missão

A definição concisa sobre a missão do negócio organizará todo o plano em torno de um objetivo comum. A missão visa comunicar interna e externamente o propósito do negócio: define o que ele é, bem como o que faz e o que deve ser a empresa.

A descrição da missão deve ser clara, concisa, informativa e interessante, de forma que contenha "uma declaração do propósito de sua empresa, definindo o que ela faz e o que não faz".[3]

A missão em linhas gerais define:

- tipo de negócio (produtos e serviços);
- público-alvo (mercado e clientes);
- contribuição esperada;
- forma geral de atuação.

Seguem alguns exemplos de missão:

Nestlé
Desenvolver as oportunidades de negócios, presentes e futuras, oferecendo ao consumidor produtos alimentícios e serviços de alta qualidade e de valor agregado, a preços competitivos.

Petrobras
Atuar de forma segura e rentável nas atividades da indústria de óleo, gás e energia nos mercados nacional e internacional, fornecendo produtos e serviços de qualidade, respeitando o meio ambiente, considerando o interesse dos seus acionistas, e contribuindo para o desenvolvimento do país.

---

[3] Ibidem.

Souza Cruz
Fornecer produtos de qualidade a adultos que escolheram fumar e têm conhecimento dos riscos associados ao consumo de cigarros.

Elevadores Otis
Oferecer a todos os clientes um meio de locomoção em pequenas distâncias para pessoas e cargas, com um grau de confiança superior aos produtos oferecidos por empresas semelhantes no mundo inteiro.

Citibank
Oferecer qualquer serviço financeiro em qualquer país, onde for possível fazê-lo de forma legal e rentável.

McDonald's
Servir alimentos de qualidade com rapidez e simpatia, num ambiente limpo e agradável.

Localiza National
Oferecer soluções de transporte, através do aluguel de carros, buscando a excelência.

Tanto a visão como a missão da empresa podem sofrer alterações em virtude de mudança de foco da empresa, por questões de mercado, concorrência etc.

Segue abaixo as alterações de missão sofridas pela IBM nos últimos 60 anos:

- início 1950: computadores
- fim de 1950: processamento de dados
- início 1960: manipulação de informações
- fim de 1960: soluções de problemas
- início 1970: minimização de riscos
- fim de 1970: desenvolvimento de alternativas
- anos 1980: otimização de negócios
- início de 1990: desenvolvimento de novos negócios das empresas
- final de 1990: soluções criativas e inovadoras para as necessidades de informação dos clientes

RESUMO

1. O sumário executivo não deve conter mais que uma folha.
2. O texto e o formato do sumário executivo devem ser sedutores aos olhos dos avaliadores.
3. O conteúdo do sumário executivo deve ser sucinto e destacar os pontos de maior relevância e destaque do plano de marketing e, portanto, deve ser a última parte a ser construída.

4. Os pontos obrigatórios que devem estar contidos no sumário executivo são: investimento, retorno financeiro, o conceito a ser defendido no plano, público-alvo, missão e visão.
5. A missão é uma declaração que visa comunicar interna e externamente o propósito do seu negócio.
6. A visão é a direção que a empresa pretende seguir, ou um contorno geral sobre o que ela deseja ser.

Palavras-chave:
Objetividade, brevidade, investimento, retorno financeiro, missão, visão.

 EXERCÍCIOS

1. Destaque a missão e a visão do negócio a ser defendido no seu plano de marketing.
2. Como você acredita que deva ser calculado o retorno financeiro de um investimento?
3. Como você avalia e compara o retorno financeiro de um investimento que você possa ter feito em um banco?

Parte 2

INVESTIGAÇÃO AMPLA DE MERCADO

A investigação ampla de mercado talvez seja a parte mais robusta e carregada de informação do plano de marketing, por ser ela que lhe dá subsídio. É nesse momento que o conceito deve ser avaliado em relação às oportunidades de mercado. É comum, na construção desta parte do plano, que novos rumos sejam tomados em razão do estudo mais detalhado do mercado e todas as suas implicações. Todos os dados relevantes de mercado devem ser incluídos, a fim de dar um panorama do cenário competitivo através da abordagem das forças macro e microambientais. Esta parte é como se fotografássemos o mercado.

A investigação tem a função de demonstrar que as condições do cenário para o lançamento do produto/serviço são apropriadas, através da exata definição e operação do mercado escolhido. As forças descritas anteriormente (micro e macroambiental) influenciam de forma marcante a natureza do negócio mediante as tendências de mercado.[1] Por este motivo, devem ser utilizadas a favor do conceito, e nunca contra. Acontece, às vezes, de elas não serem consideradas na elaboração do plano, ou consideradas de forma simplificada, ou, ainda, não utilizadas como benefício claro e evidente a favor do plano de marketing.

Em resumo, essas forças devem ser fortemente utilizadas para evitar um impacto negativo no conceito defendido. Deve-se concentrar nas forças que tenham impacto no negócio, ou seja, nem todas as forças devem ser incluídas no plano, apenas as de evidente aderência ao produto/serviço a ser defendido.

Segundo Porter (1986), "a essência da formulação de uma estratégia competitiva é relacionar uma companhia ao seu meio ambiente".[2]

A seguir destacaremos todas as forças e as possibilidades de abordagem.

---

[1] KOTLER, P. *Administração de marketing*. 10. ed. São Paulo: Prentice Hall, 2000. p. 158.
[2] PORTER, M. E. *Estratégia competitiva*. 7. ed. Rio de Janeiro: Campus, 1986. p. 22.

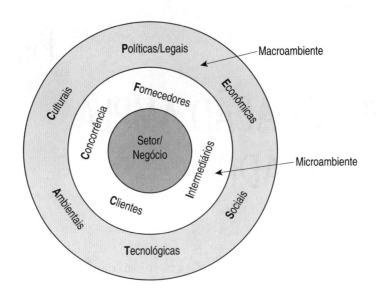

2.1 MACROAMBIENTE DE MARKETING

As forças macroambientais referem-se aos influenciadores de mercado mais amplos, ou de escopo mais genérico e abrangente, a saber:

2.1.1 Forças políticas/legais

Todos os fatores de origem política ou os negócios internos e externos de qualquer governo que possam ter impacto no plano de marketing devem ser averiguados e utilizados de forma que favoreça o conceito defendido.

As forças políticas estão presentes em todos os momentos, influenciando e sendo influenciadas pelo mercado. Cabe aos mercadólogos entender com precisão seu impacto na produção do plano.

Este grupo é formado por leis, órgãos governamentais e grupos de interesses comuns, que definem, formal ou informalmente, a maneira como as empresas devem operar nos mercados de atuação.

A legislação é repleta de normas que regularizam e redefinem os negócios no Brasil nos dias de hoje. Órgãos como o Conselho Administrativo de Defesa Econômica (Cade) determinam, por exemplo, que algumas empresas podem se unir e outras não, em função da formação de oligopólios de mercado.

O desconhecimento das leis de regularização de mercado na elaboração de um plano de marketing pode gerar um produto/serviço proibido, ou de difícil aceitação por parte do governo, grupos de interesse, ou mesmo o consumidor final. Portanto, a descrição desses dados e suas implicações são obrigatórias para a elaboração do plano de marketing.

Pode-se citar ainda toda e qualquer força reguladora no setor que tenha impacto na concorrência (protegendo ou prejudicando), no produto ou serviço, consumidor, preço, distribuição, entre outros.

Devemos ainda incluir nas forças político-legais as de cunho público. Referem-se a uma específica região, cidade ou mesmo a um bairro em estudo. Mais uma vez são as autoridades ou poderes de ordem não privada que possam causar impacto no negócio a ser defendido no plano. Leis, taxas e regulamentações de prefeituras, por exemplo, podem viabilizar ou não novos projetos. A investigação dessas forças pode auxiliar o planejador a encontrar oportunidades de aumentar as chances de sucesso do plano de marketing.

2.1.2 Forças econômicas

Aspectos ligados à disponibilidade de capital externo, renda familiar e *per capita*, custo de vida, padrões de consumo, inflação, índices de preço, taxas de juros e desemprego, distribuição de renda, entre outros, têm um impacto considerável e específico em cada mercado.

Devemos, portanto, mapear todo e qualquer indicador econômico que possa impactar o setor de estudo. Órgãos como o Seade (Fundação Sistema Estadual de Análise de Dados) no estado de São Paulo, o Banco Central, e qualquer outra organização que consolida dados econômicos, são excepcionais fontes de consulta.

O que destacamos é que, a exemplo dos outros influenciadores, as forças econômicas possuem um peso de maior significado à situação atual de mercado. Elas descrevem de forma real a maneira como ele estará ou se comportará no momento do lançamento do conceito defendido no plano.

2.1.3 Forças sociais

Entendem-se por forças sociais todos os fatores ligados à demografia, composição socioeconômica e etária da população, entre outros. Pelo fato de o plano de marketing delimitar com clareza o objetivo do conceito e o público-alvo, é natural que as forças sociais devam ser consideradas com bastante cuidado.

Aspectos como crescimento ou diminuição populacional total ou específica em alguns segmentos de mercado, migração de classes sociais, níveis de instrução e crescimento ou queda de grupos etários devem ser devidamente descritos e apontados em uma escala de tendência, ou como uma orientação futura para consideração de mercados a serem atingidos e as formas de alcançá-los.

O acompanhamento adequado dessas tendências sociais permite ao planejador não somente atender a um novo mercado, mas antecipar o mercado que possa vir a existir. O crescimento da oferta de vagas em universidades particulares nos últimos 10 anos no Brasil, por exemplo, ilustra muito bem a tendência de aumento populacional entre as classes A e B, na faixa etária entre 18 e 25 anos.

2.1.4 Forças tecnológicas

Conforme a tecnologia avança, é natural que os consumidores se ajustem à nova realidade e às novas formas de agir, pensar e, claro, consumir.[3] É inegável a influência da internet, do computador, do Windows ou do Pacote Office da Microsoft, do celular, do CD, do DVD, entre outros produtos, em nossas vidas. À medida que novas soluções são descobertas, as antigas vão sendo deixadas de lado e novos mercados passam a surgir. Com o advento do DVD *player*, por exemplo, o mercado de videocassetes praticamente deixou de existir.

As forças tecnológicas referem-se às invenções ou às inovações da ciência aplicada ou das áreas de pesquisa e desenvolvimento que impactam de forma arrasadora qualquer setor de estudo.

O avanço do e-commerce praticamente redefiniu a forma de compra de vários itens do nosso dia a dia, forçando inclusive a reestruturação de várias empresas. Os sites de relacionamento e as redes sociais eletrônicas uma realidade sem volta, e devem ser considerados em qualquer estudo de mercado.

O uso do telefone celular em praticamente toda rotina é um exemplo de como a tecnologia define novos comportamentos e hábitos

Desconsiderar o avanço da tecnologia e seus detalhes na elaboração do plano de marketing é assumir uma condição estática de mercado, uma fantasia perigosa a ser considerada.

2.1.5 Forças ambientais

O governo tem intensificado cada vez mais as preocupações de ordem ambiental. Todos os fatores ligados ao ambiente natural podem influenciar nas questões de ordem mercadológica.

A escassez de algumas matérias-primas força empresas a definir produtos e serviços para o futuro que não tenham impacto negativo no meio ambiente ou gerem

---

[3] Ver HANFT, A.; POPCORN, F. O. *Dicionário do futuro*. 1. ed. Rio de Janeiro: Campus, 2002. p. 369.

a elevação dos custos das empresas. O valor cada vez mais elevado de energia afeta não somente sua disponibilidade como, em muitos casos, o custo de fabricação de determinados produtos que dela dependam.

Outra questão a ser considerada quanto ao ambiente natural refere-se aos níveis crescentes de poluição. Enquanto algumas empresas demonstram clara preocupação acerca da questão, outras capitalizam este fator fabricando filtros de chaminés, tratamento de ar, entre outros. O governo, em várias partes do mundo, tem se mostrado sensível às questões de ordem ambiental. A conclusão nos parece bastante simples: o governo nada mais faz que defender uma ideia/conceito que tenha evidente reputação entre a população, cada vez mais madura, esclarecida e exigente. Este posicionamento evidente se converte, no futuro próximo, em votos dos eleitores.

Em adição aos fatores ambientais, devemos analisar também as forças físico-climáticas. Por vezes, alguns produtos demonstram resultados sazonais de vendas justamente em função dessas condições. Em um passado não muito distante no Brasil, o advento de um novo mercado para cervejas denominadas "bock" ilustra essa força de mercado. Com as baixas vendas de cerveja nos períodos mais frios, viu-se a necessidade de estimular o consumo de um tipo diferente de cerveja, que atendesse precisamente a um tipo de consumidor: o que tem preferência por cerveja, mas não via muita lógica ou razão de consumi-la no inverno. O mesmo ocorre em mercados de vinho, sorvete e chá, entre outros. Ou seja, caso o conceito defendido no plano sofra influência direta dos fatores físico-climáticos, uma análise mais aprofundada deste quesito se mostra necessária.

O mercadólogo deve estar atento às oportunidades e ameaças associadas às tendências do ambiente natural para elaborar um plano de marketing mais integrado a esta força de mercado. Aspectos geográficos e físicos também devem fazer parte da análise ambiental.

2.1.6 Forças culturais

Os principais valores culturais de uma sociedade são expressos por meio das visões que as pessoas têm de si próprias, das outras pessoas, das organizações, da sociedade, da natureza e do universo. As forças culturais são o conjunto de valores, ideias, artefatos e símbolos que auxiliam as pessoas do meio a se comunicar, interpretar e avaliar como membros de uma sociedade.

De forma mais simplificada, podemos dizer que as forças culturais estão relacionadas às questões de valores, normas, crenças, atitudes, linguagem, aparência, hábitos, práticas de trabalho e uso do tempo.[4]

Em cada mercado a ser definido, um conjunto completo dos fatores destacados acima assume um papel específico e contundente nas escolhas a serem feitas, incluindo o produto/serviço. É função do mercadólogo acompanhar a evolução cultural do

---

[4] Ver BLACKWELL R. D. et al. *Comportamento do consumidor*. 9. ed. São Paulo: Pioneira Thomson Learning, 2005. p. 325.

mercado a ser atingido para não ferir os valores culturais do público-alvo, evitando assim que este descarte completamente a escolha pelo produto/serviço defendido.

2.2 MICROAMBIENTE DE MARKETING

Como já destacado, refere-se aos influenciadores mais próximos da empresa/conceito e dos impactos mais imediatos no plano de marketing, a saber:

> **MICROAMBIENTE**
> Fornecedores
> Intermediários
> Clientes
> Concorrência

2.2.1 Fornecedores

A análise deve destacar quem são os fornecedores disponíveis no mercado para o conceito definido no plano. Deve incluir questões do tipo:[5]

- existe uma vasta oferta de insumos, ou o mercado é dominado por um único ou poucos fornecedores?
- existem produtos substitutos, ou seja, outras ofertas de mercado que possam atender aos mesmos requisitos do insumo original?
- os fornecedores existentes formam um monopólio de mercado ou são divergentes?
- existe uma ameaça real de integração para a frente, ou seja, é possível que algum fornecedor se torne um concorrente direto no futuro?
- pode existir uma clara dependência do fornecedor escolhido?

A análise é necessária para evitar possíveis problemas futuros, e aumentos consideráveis de custo por conta de divergências com os fornecedores.

Uma confusão comum na análise do mercado fornecedores se estabelece quando o planejador, ao invés de considerar a gama completa de fornecedores disponível no mercado e fazer as perguntas acima, considera apenas os atuais fornecedores. Insisto, a investigação ampla de mercado refere-se, como o próprio nome sugere, ao mercado, e não a um negócio ou empresa já estabelecida.

---

[5] PORTER, M. E. *Estratégia Competitiva*. 7. ed. Rio de Janeiro: Campus, 1986. p. 43.

2.2.2 Intermediários

Os intermediários abrangem todas as organizações que se encontram entre o fabricante e o cliente final, também definidos como canais de marketing. Podem ser:

- atacadistas;
- varejistas;
- corretores;
- facilitadores;
- agentes de vendas;
- comerciantes; entre outros.

Os intermediários, dependendo do mercado a ser atingido, são cruciais à correta cobertura de mercado. Em um país continental como o Brasil, um canal de marketing bem desenvolvido é fundamental para o sucesso do lançamento e controle de um novo produto/serviço no mercado.

A definição exata do canal de marketing define o quão eficiente será a compra para o consumidor final, em relação ao grau de facilidade e disponibilidade do produto/serviço. A análise correta dos intermediários mostrará ao planejador qual estratégia seguir no lançamento e acompanhamento de um novo produto/serviço no mercado.

2.2.3 Clientes

Como já destacado, o principal objetivo do produto/serviço é satisfazer uma necessidade e um desejo do consumidor final. À medida que o consumidor evolui, seu nível de expectativa e exigência evolui na mesma proporção. Quero destacar que, quanto mais maduro e esclarecido o consumidor, mais difícil se torna satisfazer plenamente seus desejos e necessidades.[6]

Uma ampla análise dos clientes do setor de estudo se mostra, neste caso, obrigatória. O conhecimento pleno do consumidor permite que o planejador defina conceitos que possam atendê-los melhor e ao mesmo tempo fornecer-lhes o prazer desejado no ato da compra através da satisfação plena de seus desejos e necessidades.

Questões como recursos, motivação, envolvimento na compra, grau de conhecimento, atitudes, personalidade, valores e estilo de vida devem ser averiguados para melhor definir um conceito em consideração ao consumidor.

A tarefa de satisfazer os desejos e necessidades do consumidor não é fácil. Todavia, este objetivo deve ser idealizado como a questão mais importante na definição de um plano de marketing.

2.2.4 Concorrência

Uma das questões de maior relevância à definição de um novo conceito é a análise estrutural do mercado e do nível de concorrência existente. A análise da concorrência permite ao planejador projetar o nível de dificuldade no momento do lançamento do conceito no mercado.

---

[6] BLACKWELL R. D. et al. Comportamento do consumidor. 9. ed. São Paulo: Thomson, 2005. p. 269.

Nesta parte do plano não focaremos ainda a concorrência direta, mas, sim, a ampla ou indireta. Em outras palavras, produtos ou serviços alternativos a nossa oferta.

Antes de iniciar um novo projeto, algumas perguntas devem ser feitas para tentar utilizar esta força de mercado de forma favorável ao plano:[7]

- existem muitos concorrentes?
- são equilibrados? Divergentes? Existe monopólio do mercado?
- possuem fraquezas?
- possuem virtudes?
- como são seus custos?
- são éticos?
- possuem capital? Em que nível?
- têm capacidade produtiva? Qual é a capacidade total da indústria? Como se encontra a demanda total de mercado em relação à oferta?
- os produtos/serviços oferecidos pela concorrência possuem algum diferencial relevante aos olhos do consumidor?
- qual é o nível geral de preços?

A análise de concorrência deve ser feita levando-se em conta os concorrentes indiretos e também os de potencial para o futuro, ou seja, aqueles que podem de uma hora para outra, tornar concorrentes em função da clara sinergia do mercado.

2.3 MATRIZ BCG

Uma ferramenta necessária à análise de mercados, bastante popular entre os planejadores e, portanto, de presença obrigatória no plano de marketing, é a matriz BCG (Boston Consulting Group). Ela define quais mercados são atrativos à entrada de novos investimentos, combinando os principais fatores de análise: crescimento e participação do mercado.

Originalmente, a matriz BCG encontrou aplicação na análise de portfólio ou conjunto de negócios que uma determinada empresa opera, gerenciados de forma individual.

Esta matriz define que a empresa deve estabelecer a posição de cada um de seus negócios em uma escala gráfica que combina crescimento e participação de mercado.

Idealmente, uma empresa deve ter principalmente estrelas e vacas leiteiras, alguns pontos de interrogação (porque eles representam o futuro da empresa) e poucos ou quase nenhum abacaxi.[8]

No eixo horizontal encontra-se a participação relativa de mercado; no vertical, a taxa de crescimento de mercado. Ao combinar essas duas escalas, teremos quatro situações possíveis de mercado (quatro quadrantes):

---

[7] Idem, p. 25.
[8] KROLL, Mark J.; PARNELL, J.; WRIGHT, P. *Administração estratégica* – conceitos. 1. ed. São Paulo: Atlas, 2000. p. 166.

Investigação Ampla de Mercado 27

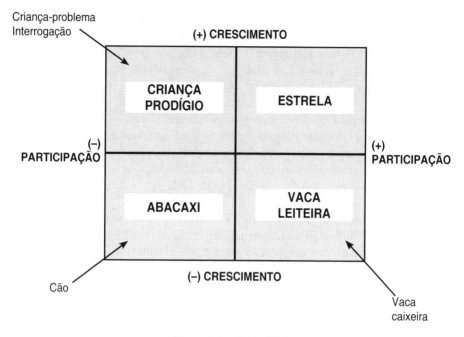

Figura 2.1   *Matriz BCG*

1. **Alta** taxa de crescimento de mercado e **Baixa** participação relativa de mercado – **criança prodígio**.
2. **Alta** taxa de crescimento de mercado e **Alta** participação relativa de mercado – **estrela**.
3. **Baixa** taxa de crescimento de mercado e **Alta** participação relativa de mercado – **vaca leiteira**.
4. **Baixa** taxa de crescimento de mercado e **Baixa** participação relativa de mercado – **abacaxi**.

Algumas publicações sobre o assunto trazem traduções diversas para os mesmos quadrantes. O quadrante "criança prodígio" normalmente é traduzido como "interrogação" ou "criança-problema". O quadrante "vaca leiteira" também pode ser traduzido como "vaca caixeira". Finalmente, o quadrante "abacaxi" por vezes traz a sofrível tradução de "cão" ou "cachorro". Isto se deve à tradução literal do termo usado pelos americanos para se referirem a algo ruim, complicado, abaixo da expectativa ("*dog*"). Para nós, um equivalente seria o "mico".

Os nomes definidos aqui trazem uma tradução mais adequada à nossa realidade. A criança prodígio nos remete ao futuro promissor; a estrela, a algo de destaque e expressão notória; a vaca leiteira representa a fonte do nosso sustento e dividendos, por meio da simples operação de ordenha; e o abacaxi é aquilo que popularmente não gostamos de ter nas mãos, ou um sinônimo de "dor de cabeça".

Além da utilização no plano de marketing, a matriz BCG originalmente possui outra aplicação, referente ao melhor balanceamento das entradas e saídas de capital da empresa. Somente nos quadrantes "estrela" e "vaca leiteira" os produtos/serviços apresentam lucro; nos demais ("abacaxi" e "criança prodígio") o lucro é nulo ou negativo, porque, no ato do lançamento de um produto/serviço ("criança prodígio"), os custos de promoção e operações (manufatura, distribuição, logística etc.) tendem a ser maiores. Na prática, os produtos/serviços "estrela" e "vaca leiteira" subsidiam os "crianças prodígios", por sua própria forma de evolução: nascer "criança prodígio", tornar-se "estrela", passar à posição de "vaca leiteira" (maiores lucros) e morrer como "abacaxi". Aliás, no momento em que um produto/serviço se torna abacaxi, se não houver fortes razões para sua retenção, a melhor saída é deixar que tenha uma morte lenta e natural.

No caso de um plano de marketing, a matriz BCG tem como função a definição de um mercado-alvo que seja normalmente criança prodígio (poucas exceções nascem como "estrela") e evitar mercados em declínio (final da fase de "vaca leiteira" e "abacaxi").

Na construção desta matriz devemos ter como parâmetros os mercados ou setores a serem estudados, e nunca as marcas já existentes. Em outras palavras, devemos agrupar na matriz os concorrentes amplos ou indiretos analisados no microambiente.

Uma boa matriz BCG pode inclusive destacar novos mercados ainda não explorados. Outro ponto relevante na sua construção é respeitar as premissas de conceito em detrimento das ideias, como já apresentado no início do livro.

A seguir, alguns exemplos de Matriz BCG com aplicação para planos de marketing.

Figura 2.2 *Veículos automotores*

A Figura 2.2 facilita distinguir a pouca quantidade de lançamentos nos segmentos de peruas (*station wagons*) e pick-ups grandes (Ford F250, GM Silverado), além do recente sucesso no lançamento de utilitários esportivos (Ford EcoSport, Mitsubishi Pajero, Nissan Frontier etc.) e monovolumes (GM Zafira, Renault Scénic, Citröen Picasso etc.).

Figura 2.3 *Preparação de comida em casa*

Este é outro mercado em que várias opções começam a surgir. Aparentemente, o forno elétrico não possui mais nenhum mercado relevante, o forno a lenha parece encontrar alvo apenas em sítios e afins, e já começam a aparecer formas mais práticas e rápidas no preparo de alimentos.

Figura 2.4 Açúcar e adoçantes

Este também é outro mercado em que se recomenda a entrada somente por meio de especialistas, porque a complexidade e as diferentes aplicações, vantagens, desvantagens de cada segmento são bem extensas.

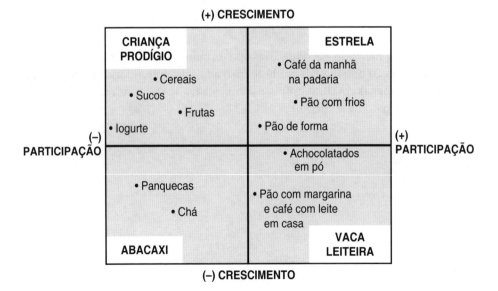

Figura 2.5 Mercado de café da manhã

Neste último caso existe uma peculiaridade inserida de forma proposital. Um dos conceitos apresentados é um serviço (café da manhã na padaria) e os demais são produtos. A BCG deve descrever mercados e, neste caso, alguns deles podem ser atendidos ora por produtos, ora por serviços.

Vamos usar como exemplo um consumidor que está com mal-estar estomacal. Ele pode comprar um remédio para resolver o problema (produto), ir até o médico, ou discutir uma solução com o farmacêutico (serviço), que pode ser um simples repouso.

De forma bem simplificada, sem abordar todas as possibilidades de mercado, podemos destacar novas áreas relevantes ao público jovem no Brasil. Com o aumento de jovens entre 18 e 25 anos das classes sociais A e B e o ressurgimento da classe média brasileira (mercado afluente), um novo conjunto de serviços está nascendo.

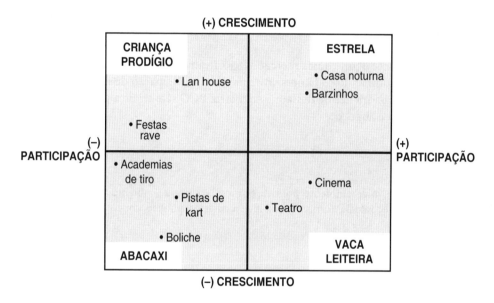

Figura 2.6   *Mercado de entretenimento para jovens*

A exemplo do mercado de turismo no Brasil, o de entretenimento para o público-alvo destacado acima se mostra aquecido, e opções não faltam. Todavia, se comparado com dados de 15 ou 20 anos atrás, vamos concluir que o aumento de opções nesta área se deu em progressão geométrica.

RESUMO

1. A investigação ampla de mercado é a parte do plano que dará subsídio a todo o restante do projeto.
2. A descrição do panorama do mercado competitivo se dará pelo estudo das forças macro e microambientais.
3. As forças macroambientais referem-se aos influenciadores de mercado mais amplos, ou de escopo mais genérico e abrangente, a saber: forças políticas, econômicas, culturais, ambientais, legais, físico-climáticas, sociais e tecnológicas.
4. As forças microambientais referem-se aos influenciadores mais próximos da empresa/conceito e de impacto mais imediato no plano de marketing, a saber: fornecedores, intermediários, forças públicas, concorrências e clientes.
5. Nem todas as forças têm impacto no conceito a ser defendido. É necessária uma análise *a priori* para destacar quais forças devem ser analisadas e incluídas no plano de marketing.
6. A matriz BCG define quais mercados são atrativos à entrada de novos investimentos, combinando os fatores crescimento e participação de mercado.
7. Os quatro quadrantes de destaque na matriz BCG são: criança prodígio, estrela, vaca leiteira e abacaxi.

Palavras-chave:

Macroambiente, microambiente, política, economia, cultura, ambiente, legal, físico-climático, social, tecnologia, fornecedores, intermediários, público, concorrência, clientes, matriz BCG.

EXERCÍCIOS

1. Que forças culturais podem causar impacto no mercado de remédios quanto ao problema da disfunção erétil?
2. Que forças sociais, culturais e econômicas podem influenciar o mercado de casamentos?
3. Que forças sociais, econômicas, políticas e físico-climáticas podem influenciar o negócio defendido por uma pequena cidade, que deseja ser reconhecida como uma relevante "estância de águas minerais e possível balneário"?
4. Construa as seguintes matrizes BCG para os mercados de turismo, iogurtes, cervejas; e a matriz BCG do setor / mercado que será defendido no seu plano de marketing.

Parte 3
ANÁLISE SWOT E SELEÇÃO DE MERCADO-ALVO

Análise SWOT é uma ferramenta bastante conhecida em planejamento estratégico como parte integrante e fundamental na elaboração do plano de marketing. O termo SWOT vem do inglês (*strengths, weaknesses, opportunities, threats*) e significa, respectivamente: forças, fraquezas, oportunidades e ameaças.

[S] *trenghts* – Pontos fortes
[W] *eaknesses* – Pontos fracos
[O] *pportunities* – Oportunidades
[T] *hreats* – Ameaças / riscos

É comum, no desenvolvimento da análise SWOT, a confusão entre pontos fortes e oportunidades, e entre pontos fracos e ameaças. Os itens forças e fraquezas correspondem às características da empresa (dados internos) e normalmente exprimem informações presentes; já as oportunidades e ameaças correspondem aos fatores de mercado (dados externos), e representam informações normalmente futuras, como mostrado no quadro a seguir:

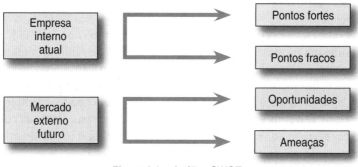

Figura 3.1   *Análise SWOT*

33

Na análise SWOT, todos os pontos são colocados em confronto, e o planejador pode ter uma ideia mais ampla do conceito a ser defendido no plano e as implicações do seu lançamento. Serve ainda para identificar ações subsequentes e relevantes do plano de marketing. "A análise SWOT baseia-se no pressuposto de que se os gerentes revisam cuidadosamente essas forças, fraquezas, oportunidades e ameaças, uma estratégia útil para garantir o sucesso organizacional se tornará evidente a eles."[1] A fim de construir melhor a SWOT do seu negócio, recomenda-se uma leitura completa de todas as forças analisadas na investigação ampla de mercado (forças macro e microambientais).

Ao reler completamente o Parte 2, destaque todos os pontos favoráveis ao seu negócio e os inclua na lista de oportunidades. Faça o mesmo com os pontos desfavoráveis, mas desta vez inclua-os na lista de riscos. Recomenda-se que a lista seja bastante completa e que nenhum ponto seja esquecido.

O próximo passo consiste em combinar os elementos-chave (aqueles mais favoráveis ao negócio a ser defendido) entre quatro fatores da SWOT, conforme a tabela abaixo:

Tabela 3.1   Quatro fatores da análise SWOT

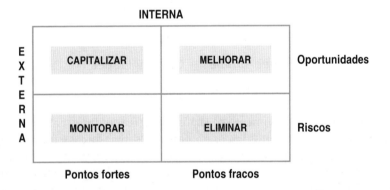

Esta tabela destaca que se a empresa combinar um ponto forte com uma oportunidade, deve capitalizar esta condição. Em outras palavras, poderá cobrar um preço *premium* pela oferta.

Se a combinação referir-se a um ponto fraco com uma oportunidade, a empresa deve melhorar sua oferta diante da concorrência a fim de explorar o mercado.

Caso a empresa perceba que tem em mãos um ponto forte, mas o mercado encontra-se em risco, um monitoramento é necessário; e se eventualmente o risco se transformar em oportunidade, a primeira estratégia (capitalizar) pode ser implementada.

Entretanto, se a empresa se encontra em situação precária diante da concorrência (ponto fraco) e o mercado apresenta riscos, a única estratégia imposta a esta realidade seria eliminar essa oferta e focar em outra mais promissora.

---

[1] CERTO, Samuel C. *Administração moderna*. 9. ed. São Paulo: Prentice Hall, 2003. p. 158.

A Tabela 3.1 facilita a análise e ajuda a destacar os pontos mais importantes a serem considerados na próxima etapa (seleção de mercado-alvo).

3.1 ANÁLISE DA CONCORRÊNCIA

Já fizemos uma análise mais genérica da concorrência ampla (indireta) ativa no mercado. Nesta parte, uma análise mais detalhada e individualizada de concorrente por concorrente é necessária, ou seja, o plano deve evoluir do mais amplo para o mais específico.

A análise da concorrência direta consiste tanto em destacar suas vulnerabilidades e maximizar o valor das características do conceito, quanto em ressaltar suas virtudes. Com isso, pode-se evitar possíveis retaliações ou rivalidades desnecessárias, que culminariam em erosão de lucratividade, em função da competitividade extremamente acirrada.[2]

Este levantamento de cada concorrente permite que se possa distinguir a oferta da concorrência e apresentar algo de maior valor aos olhos do consumidor. Esta parte do plano auxilia na construção da análise seguinte.

Uma forma prática de apontar os concorrentes lado a lado com suas forças e fraquezas pode ser apresentada como segue abaixo:

Tabela 3.2 *Pontos fortes e pontos fracos*

	Marca A	Marca B	Marca C	Marca D
Pontos fortes	• • •	• • •	• • •	• • •
Pontos fracos	• • •	• • •	• • •	• • •

Ao montar esta tabela, alguém poderia se perguntar qual o motivo para não fazer a SWOT completa, inclusive com a concorrência. Em outras palavras, por que não destacar também as oportunidades e ameaças da concorrência? A resposta é simples: como oportunidades e ameaças são informações de mercado, e o mercado é o mesmo para a concorrência, isto implica dizer que as oportunidades e ameaças da concorrência são as mesmas que a do nosso plano. Essencialmente porque o mercado é único.

A partir da análise SWOT e da concorrência, devemos agora destacar concomitantemente: em quais atributos somos superiores, em quais a concorrência é inferior e que haja oportunidades de mercado. Em outras palavras, quais são os pontos que devemos destacar na seleção do mercado-alvo.

---

[2] Ver TZU, S. *A arte da guerra*.

3.2 SELEÇÃO DO MERCADO-ALVO

Consiste na exata comparação e posicionamento do conceito a ser defendido, perante os já disponíveis no mercado e na concorrência ativa.

Nesta parte, a exemplo da matriz BCG, quadrantes são criados para posicionarmos nossa oferta diante da concorrência. Um erro comum, em função da semelhança de apresentação, é confundir a seleção de mercado-alvo com a matriz BCG.

Na seleção de mercado-alvo, os atributos a serem destacados nos eixos vertical e horizontal são de exclusividade e pertinência do mercado a ser atingido, ou, ainda, características de alta relevância ao cliente final no ato da compra. Além disso, a representação no gráfico refere-se aos concorrentes diretos disponíveis no mercado, e não aos mercados (crescimento relativo e participação), como destacado na matriz BCG.

Na construção da matriz BCG apenas um quadrante deve ser construído. Na definição da seleção de mercado-alvo o número deve ser maior – um mínimo de dois e um máximo de quatro quadrantes. Isto por que o consumidor não se define pelo produto/serviço por meio de um único atributo ou destaque, mas por um conjunto de benefícios que o produto/serviço possa oferecer.

Para definirmos que fatores são os mais relevantes à construção da seleção de mercado-alvo, precisamos lembrar qual deve ser o ponto de partida: mais uma vez, devemos escolher onde somos fortes, onde a concorrência é fraca, e onde há oportunidades.

Uma forma bastante prática de destacar esses pontos se dá pela construção de um *X Chart* ou, simplesmente, um gráfico de "Xis", que nada mais é que a comparação *vis-à-vis* dos fatores tidos como os mais relevantes sobre o prisma de oportunidades entre os principais concorrentes:

Tabela 3.3 *X Chart*

	Nossa marca	Marca A	Marca B	Marca C	Marca D
Design	X			X	
Estilo	X				
Preço		X		X	X
Conveniência	Ótima	Ruim	Ótima	Boa	Boa
Prazo de entrega		X		X	X
Variedade	X	X		X	X
Qualidade	X			X	
Sabor	X				
Cobertura		X	X	X	X
Sortimento	X				

No exemplo apresentado, os itens *design*, estilo, qualidade e sortimento devem ser os elementos a serem destacados nos quadrantes de seleção de mercado-alvo. Caso optássemos, por exemplo, por conveniência (algo que todos os concorrentes possuem), não teríamos como nos destacar. Ou, pior, se escolhêssemos itens como cobertura, preço ou prazo de entrega, certamente teríamos sérias dificuldades no mercado.

Na elaboração do *X Chart* pode-se inclusive, nos itens destacados, incluir escalas de concordância ou discordância, e não somente o "X", como exemplificado no item conveniência do quadro em destaque.

A seguir, apresentamos exemplos de seleção de mercados-alvo derivados das matrizes BCG destacadas na parte anterior:

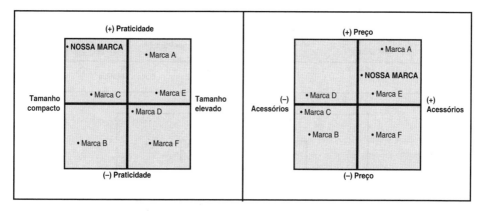

Figura 3.2 *Seleção de mercado-alvo – Grelha a vapor*

Posicionaremos aqui nosso produto como sendo o mais prático de se utilizar, de tamanho mais compacto a um preço alto (segundo preço mais alto, abaixo da marca A) e com a quantidade de acessórios dentro da média do mercado.

Dada a complexidade de fatores que interferem na escolha de um novo veículo, os fabricantes devem ter um cuidado ainda maior na seleção do mercado-alvo. A análise que o consumidor faz ao adquirir um veículo novo é uma das mais sofisticadas entre todas as categorias.

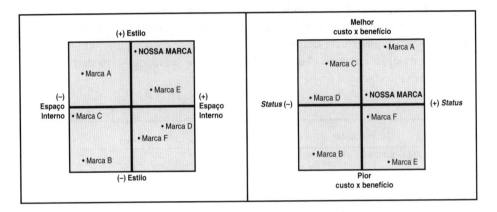

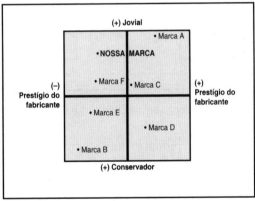

Figura 3.3   Seleção de mercado-alvo – Veículos automotores monovolumes

No exemplo de veículos automotores monovolumes, nosso produto foi definido para ser o carro mais bonito da categoria, com espaço interno acima da média e um dos mais joviais do mercado, além de possuir uma relação média entre custo e benefício. Porém, o fabricante infelizmente não possui muita credibilidade no mercado. Por este motivo, o foco do nosso plano será o estilo alinhado à jovialidade do projeto.

Análise SWOT e Seleção de Mercado-Alvo   39

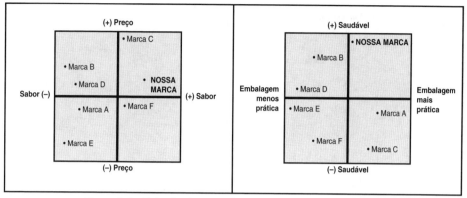

Figura 3.4   *Seleção de mercado-alvo – Mercado de adoçantes*

Na seleção de mercado de adoçantes, o atributo que nosso produto deseja destacar perante a concorrência é o melhor sabor, atrelado aos benefícios saudáveis. O produto possui preço acima da média de mercado, e sua embalagem, em relação à praticidade, encontra-se entre os líderes.

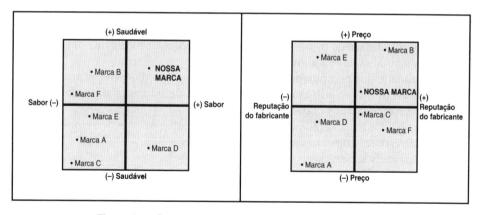

Figura 3.5   *Seleção de mercado-alvo – Mercado de iogurtes*

No caso de mercado de iogurtes, destacamos que o melhor posicionamento no mercado-alvo seria ressaltar o sabor e os benefícios à saúde. Os outros atributos, que também são importantes ao consumidor, se encontram na média de mercado e, portanto, não seriam complicadores potenciais ao lançamento de nosso produto.

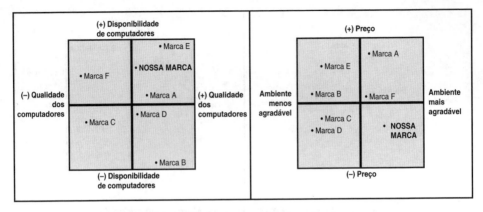

Figura 3.6 *Seleção de mercado-alvo – Lan houses*

A quem não está familiarizado com o termo, "LAN" significa *Local Area Network*. "Lan house", portanto, é um local onde vários computadores são ligados por meio de uma rede local, em que jovens costumam se encontrar para disputar os jogos de computador que estão na moda. As Lan houses gozam, atualmente, de um relativo sucesso por se tratar de uma novidade que encontrou eco no público-alvo (jovens das classes B e C entre 10 e 18 anos) que procura um tipo de entretenimento seguro e divertido.

Os atributos a serem destacados no nosso negócio são:

- disponibilidade de computadores acima da média, de forma que os jovens não tenham de esperar muito para se divertir;
- qualidade dos computadores também acima da média, porque alguns jogos requerem uma configuração mais avançada de *hardware* para elevar ainda mais a emoção dos praticantes;
- o ambiente mais agradável e iluminado, para que os pais deixem seus filhos se divertirem com mais segurança; e, finalmente,
- preço mais acessível.

Uma questão que merece destaque na elaboração dos quadrantes de seleção de mercado-alvo refere-se ao fato de que, na conclusão do quadrante, nossa situação (produto ou serviço a ser defendido no plano) estará sempre em destaque, isolado e em uma posição de relevância vantagem diante da concorrência. Caso isto não ocorra, os itens escolhidos para a construção dos quadrantes foram inadequados. Mais uma vez, ao definirmos os fatores para a construção dos quadrantes devemos elencar concomitantemente onde somos fortes, onde a concorrência é fraca e onde há oportunidades. Ou seja, o destaque ante a concorrência é uma consequência natural da correta escolha dos fatores.

Depois da montagem dos quadrantes de seleção de mercado-alvo, é preciso destacar em quais itens nossa marca fica mais distante e isolada da concorrência. Esses itens devem ser destacados como os de diferenciação.

3.2.1 Diferenciação

Ainda quanto à definição do produto, é necessário destacar qual é o principal diferencial em seu lançamento, além de citar o que fará o público-alvo optar por este conceito em detrimento dos outros disponíveis no mercado. O destaque adequado do diferencial do produto/serviço deve estar em linha com o defendido na Parte 3 do plano (seleção de mercado-alvo), em que o conceito é confrontado com as opções de mercado.

Um atributo claro de diferenciação permite que o conceito possa ser confrontado com a concorrência, ao mesmo tempo em que o público-alvo possa atribuir valor ao diferencial. Dessa maneira, é possível cobrar mais caro por um conceito com alta diferenciação aos olhos do consumidor final.

É claro que a simples diferenciação não garante uma vantagem competitiva diante da concorrência. Para tanto, é necessário que o produto tenha as seguintes características:

- importância – que seja relevante aos olhos do consumidor;
- distintividade – que seja claramente diferente da concorrência;
- superioridade – que seja superior quando comparado com os da concorrência;
- comunicabilidade – que seja de fácil compreensão pelo público-alvo;
- previsibilidade – que, no ato do uso, o conceito supra facilmente o prometido;
- disponibilidade – que tenha uma farta oferta no mercado;
- rentabilidade – que o diferencial possa ser cobrado do público-alvo, para trazer um lucro relevante.

Exemplos de diferenciação:

- sabão em pó – a maior variedade do mercado;
- relógio suíço – a melhor qualidade dos componentes;
- celular – comando de voz nas funções mais utilizadas;
- home theater – receptor de dimensões menores; o mais compacto.

A seguir, destacam-se todos os fatores à correta diferenciação da oferta de marketing:

Tabela 3.4 *Diferenciação da oferta de marketing*

PRODUTO	SERVIÇOS	PESSOAL	IMAGEM
Características	Entrega	Competência	Símbolo
Desempenho	Instalação	Cortesia	Mídia
Conformidade	Treinamento do	Credibilidade	Atmosfera
Durabilidade	Consumidor	Confiabilidade	Eventos
Facilidade de Conserto	Serviço de Consultoria	Orientação ao Cliente	
Estilo	Consertos	Comunicação	
Design	Variados		

3.2.2 Posicionamento

No momento da definição da diferenciação do conceito é necessário pensar qual será a promessa a ser defendida, para que a oferta e a imagem ocupem um lugar distinto e valorizado na mente dos consumidores-alvo. O posicionamento deve ser uma mensagem de fácil compreensão e lembrança, e estar alinhado à diferenciação anteriormente definida.

Exemplos de posicionamento:

- sabão em pó – um tipo de sabão para cada tipo de roupa;
- relógio suíço – qualidade sem igual;
- celular – o único com comando de voz;
- home theater – cabe em qualquer lugar.

3.3 SELEÇÃO DE PÚBLICO-ALVO

Na definição da seleção de público-alvo, alguns indicativos aparecem para definir qual nicho de mercado deverá ser escolhido. Esta definição ajuda não só a ajustar os atributos a serem destacados na seleção de mercado-alvo, como também definir a demanda da empresa no mercado, ou a quantidade de pessoas que será atingida com o produto/serviço defendido no plano.

A seleção de público-alvo tem como ponto de partida uma segmentação bem definida que é, justamente, a divisão do mercado em dimensões relevantes ao conceito a ser defendido. É tentador, na elaboração de um plano de marketing, querer atingir todos os segmentos. Todavia, ao tentar fazê-lo, na certa não atenderemos a todos com eficácia. Alguns grupos podem não se sentir plenamente satisfeitos com nosso produto/serviço, e com isso estaremos dando espaço para que outro negócio mais satisfatório àquele público passe a concorrer conosco.

Ao atingirmos um único ou poucos segmentos, estaremos maximizando nossos recursos para atender com foco a um determinado tipo de consumidor. Com isso, teremos maiores chances de satisfazê-lo tanto em suas necessidades quanto em seus desejos.

A segmentação de mercado pode se dar em quatro níveis, a saber:[3]

Quadro 3.1 *Variáveis de segmentação do mercado*

GEOGRÁFICO	DEMOGRÁFICO	PSICOGRÁFICO	COMPORTAMENTAL
Região Tamanho do município Área metropolitana Concentração Clima	Idade Sexo Tamanho e ciclo da família Renda Ocupação Educação Religião Raça Nacionalidade Geração Classe Social	Estilo de Vida Personalidade *Status*	Ocasiões Benefícios Condição do usuário Taxa de uso Grau de lealdade Estado de aptidão Atitude relativa ao produto

Esta definição normalmente se dá em vários níveis. É comum, ao destacarmos um público-alvo, que utilizemos vários elementos, sabendo que o consumidor não é uma categoria ou atributo isolado, e sim a somatória de várias funções. Como exemplo, poderíamos definir para o mercado de automóveis monovolumes – destacado anteriormente – um público-alvo de jovens do sexo masculino das grandes capitais brasileiras, de 18 a 35 anos, classe social A1/A2, solteiros, de estilo de vida agitado, de comportamento mais liberal, influenciadores da moda e preocupados com *status*, que necessitem do veículo para uso no dia a dia e para lazer.

Como anteriormente citado, o consumidor não é somente um único elemento de segmentação, e sim a combinação de vários. Isto implica dizer que, ao segmentar o mercado, se recomenda elencar quais elementos são complementares e possuem sinergia com determinada estratégia de marketing.

Poderíamos ter um produto/serviço em que as variáveis mais adequadas à sua segmentação poderiam ser: idade, sexo, religião (demográficos), em conjunto com região e clima (geográficos), atrelados a fatores de estilo de vida e *status* (psicográfico), e destacando elementos de ocasiões e estado de aptidão (comportamental).

Como último cuidado, é necessário que respeitemos alguns requisitos para a condução de uma segmentação de mercado apropriada. Há cinco requisitos básicos: mensurabilidade, diferenciabilidade, substancialidade, acessibilidade e operacionalidade.

Primeiro, é mandatório que possamos mensurar ou medir o tamanho do segmento. Esta ação visa nos certificar de que não tenhamos escolhido um segmento nem tão grande que não possamos atendê-lo, nem tão pequeno que não seja lucrativo.

---
[3] KOTLER, P. *Administração de marketing*. 10. ed. São Paulo: Prentice Hall, 2000, adaptação da p. 286.

O segundo requisito está intimamente ligado ao terceiro: os segmentos devem ser diferentes de forma substancial, pois do contrário não seria necessário dividi-lo ainda mais. Vamos supor que, na condução de um processo de segmentação, se descobriu que os segmentos mais relevantes do produto/serviço em foco sejam:

- mulheres, acima de 60 anos, classe A, que gostem de viajar;
- mulheres, acima de 65 anos, classe A, que gostem de viajar;
- mulheres, acima de 70 anos, classe A, que gostem de viajar.

É bem provável que os três segmentos citados não mostrem diferenças significativas. Portanto, não há nada de substancial que justifique a criação de três segmentos, e a conclusão é que o melhor segmento seria: Mulheres, entre 60 e 70 anos, classe A, que gostem de viajar.

O quarto requisito corresponde à acessibilidade. É possível que, no processo de segmentação de mercado, um grupo extremamente interessante seja descoberto, no entanto, o acesso pode ser: caro, complexo, trabalhoso etc. Vamos supor que uma empresa de turismo queira vender pacotes de cruzeiro marítimo ao Caribe, e o melhor grupo seria executivos de primeira linha (presidentes, vice-presidentes e diretores executivos de grandes empresas). O acesso a este grupo passa obrigatoriamente pelas secretárias, as quais são orientadas a barrar todo e qualquer acesso indesejado ao executivo, ou seja, talvez o acesso a este grupo seja muito custoso, e outro segmento então seria mais interessante.

Por fim, o último requisito é a operacionalidade. Este elemento é de fácil compreensão. Ao definir um segmento de mercado é necessário compreender se a empresa teria condições de oferecer ao público-alvo em questão o composto de marketing desejado. Em outras palavras: ao segmento escolhido, a empresa teria condições de oferecer o produto/serviço que o consumidor deseja e necessita? Ao preço que o consumidor considere de custo razoável à aquisição? No ponto de venda que lhe seria conveniente? Capaz de desenvolver uma estratégia de promoção que seja compreensível e impactante?

Diante do exposto, é salutar destacar que o processo de segmentação é uma tarefa necessária, criteriosa e que, se bem conduzida, tende a direcionar a empresa aos mercados mais relevantes, operacionais e, principalmente, rentáveis.

Em suma, os itens seleção e definição de público-alvo devem ser feitos em conjunto, para que uma parte possa dar subsídios e ideias na composição da outra.

RESUMO

1. SWOT vem do inglês (*strengths, weaknesses, opportunities, threats*) e significa, respectivamente: forças, fraquezas, oportunidades e ameaças.
2. Os itens "forças" e "fraquezas" correspondem às características da empresa (dados internos) e normalmente exprimem informações presentes.

3. As oportunidades e ameaças correspondem aos fatores de mercado (dados externos) e representam informações normalmente referentes ao futuro.
4. A análise da concorrência consiste em destacar suas vulnerabilidades e maximizar o valor das características do conceito a ser defendido.
5. A seleção de mercado-alvo consiste na exata comparação e posicionamento do conceito a ser defendido perante os já disponíveis no mercado e à concorrência ativa. Na matriz de seleção de mercado-alvo é necessária a inclusão de marcas, e não de mercados, o que já foi feito na matriz BCG.
6. Na seleção de mercado-alvo, os atributos a serem destacados nos eixos vertical e horizontal são de exclusividade e pertinência do mercado a ser atingido. Trata-se de características de alta relevância ao cliente final no ato da compra.
7. A seleção de mercado-alvo por meio das ferramentas de segmentação tem como objetivo a maximização dos recursos do negócio em relação a um mercado específico e isolado, para melhor atendê-lo e, ao mesmo tempo, ter foco nas operações.
8. Os quatro níveis de segmentação de mercado são: geográficos, demográficos, psicográficos e comportamentais.

Palavras-chave:

Forças, fraquezas, oportunidades, ameaças, seleção de mercado-alvo, segmentação de mercado.

EXERCÍCIOS

1. Faça uma análise SWOT da IBM e do McDonald's no mercado mundial.
2. Faça uma análise SWOT do negócio a ser defendido no seu plano de marketing.
3. Que atributos você destacaria em uma segmentação de mercado para o negócio de *pet shops* (lojas de pequenos animais, especializadas em cães)?
4. Faça de 2 a 4 quadrantes de seleção de mercado-alvo para as seguintes marcas: Handheld Palm, Nokia Celular e o produto/serviço a ser defendido no seu plano de marketing.

Parte 4

ESTRATÉGIA DE MARKETING

A estratégia de marketing é o que chamamos de "recheio", porque é a parte mais operacional e de maior aplicação prática no plano. Nessa parte, o composto de marketing (4 Ps – produto, preço, pontos de venda e promoção) é destacado e claramente descrito em detalhes para a aplicação e implementação do conceito no mercado.

Todavia, o composto de marketing possui uma ampla variação de aplicação, a saber:

Quadro 4.1 Composto de marketing[1]

PRODUTO	PREÇO	PONTO-DE-VENDA	PROMOÇÃO
Variedade	Preço Nominal	Canais	Promoção de vendas
Qualidade	Desconto	Cobertura	Propaganda
Design	Condições	Sortimento	Relações públicas
Estilo	Prazo	Localizações	Marketing direto
Características	Crédito	Estoque	Venda pessoal
Nome		Transporte	Eventos
Embalagem			
Tamanho			
Serviço			
Garantia			
Devoluções			

4.1 PRODUTO

Ao descrevermos o produto/serviço é necessário destacar, quando necessário e se houver relevância, a variedade (mais de uma oferta ligada ao mesmo conceito), a qualidade, o *design* (aspectos ligados à funcionalidade), o estilo (aspectos ligados à estética do conceito), as características, o nome dado ao conceito, a embalagem, o ta-

---

[1] KOTLER, P. *Administração de marketing*. 10. ed. São Paulo: Prentice Hall, 2000 (adaptação da p. 37).

manho, a garantia e qualquer tipo de política de devolução caso haja algum diferencial neste aspecto. Caso algum elemento não se aplique ao conceito defendido, deve-se simplesmente não citá-lo.

4.2 PREÇO

O conceito possui modalidades de pagamento a serem destacadas, porém, o preço nominal pode não ser o principal atrativo no ato do pagamento. O destaque deve ser dado ao desconto oferecido, ou às condições de pagamento, ao prazo para o pagamento ou, finalmente, ao crédito oferecido para se efetuar a compra.

O preço de um produto/serviço pode ser definido de três formas, ou o chamado 3 Cs:

- CUSTO – O preço é definido a partir do custo de fabricação do produto ou dos custos envolvidos na oferta do serviço, somados à margem desejada de lucro;
- CONCORRÊNCIA – O preço é definido com base na concorrência;
- CONSUMIDOR – O preço é definido pelo valor que o consumidor atribui ao conceito.

Todavia, as três modalidades devem ser consideradas em conjunto para se estipular um preço coerente ao público-alvo.

4.2.1 Preço base custo

Esta modalidade de definição de preço é a mais simples e imediata, contudo, mostra-se inadequada em inúmeras ocasiões, por se tratar de uma técnica pouco científica, e que não considera condições externas ou de mercado. Na prática, se um produto/serviço custa para a empresa R$ 5,00 e ela deseja uma margem de lucro de R$ 5,00, a oferta deverá custar ao público-alvo R$ 10,00.

Veja a seguir um exemplo um pouco mais complexo, mas de igual ponto de partida.

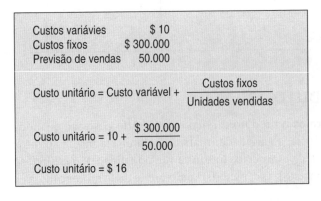

$$\text{Markup} = \frac{\text{Custo unitário}}{1 - \text{Taxa de retorno}} \quad \text{Exemplo 20\% (TR)}$$

$$\text{Markup} = \frac{16}{1 - 0{,}2} = \$\,20$$

Neste caso, consideramos os custos fixos e variáveis na composição do preço final. O markup é a taxa de retorno, ou a margem que o fabricante deseja no final.

4.2.2 Preço base concorrência

Nesta modalidade, o preço é definido levando-se em consideração um ou mais concorrentes que sejam comparáveis ao conceito. Na prática, se formos lançar um conceito que vá competir com os produtos A e B, já existentes no mercado, dado que o produto A custa R$ 12 e é um pouco superior ao nosso produto, e o produto B é um pouco inferior e custa R$ 10, cabe-nos lançar o nosso produto com um preço próximo de R$ 11.

É claro que nem sempre esta definição se mostra tão simples e direta. Por vezes, é necessária uma análise mais detalhada de valores, como no exemplo a seguir:

Quadro 4.2   *Preço base concorrência*

		CARRO A vs CARRO B
PREÇO	– CARRO A	$ 20.400
	– CARRO B	$ 21.500
RELAÇÃO VISUAL		94,9%
AJUSTES 2.0L *vs.* 1.8L		200
130 CV *vs.* 115 CV		100
Air bag motorista		(500)
Travas elétricas		200
Bancos de couro		(1.500)
CD *player*		600
Poder de marca		(300)
Estilo		(500)
Serviço (pós-venda)		(200)
Rodas esportivas		800
TOTAL AJUSTE		($ 1.100)
COMPETIÇÃO AJUSTE		$ 20.400
RELAÇÃO AJUSTADA		100%

No exemplo, o conceito a ser lançado no mercado é o carro A, cujo preço final ainda não sabemos. Para defini-lo de forma mais científica e criteriosa, foi necessário partir do preço do carro a ser comparado no mercado, isto é, do nosso concorrente primário (carro B). O carro B custa R$ 21.400, e todos os itens destacados são os que diferem entre si, ou seja, os itens comuns aos dois carros não são apontados na comparação, somente os divergentes e relevantes aos olhos do público-alvo.

Os itens superiores aos da concorrência são somados a um valor coerente com o público-alvo (o quanto vale para o consumidor, e nunca o quanto custa para a empresa), e ocorre o mesmo no caso inverso, nos itens em que a concorrência é superior subtrai-se o valor correspondente. No final temos um valor de ajuste de R$ 1.100 negativos, ou seja, nosso carro vale para o consumidor R$ 1.100 a menos, o que nos remete ao valor final de R$ 20.400, em relação aos R$ 21.500 da concorrência. Assim sendo, teremos um preço comparável em termos de ajuste de conteúdo ao do nosso principal concorrente.

Esta técnica é conhecida no mercado por análise de valor, ela consegue combinar tanto a variável concorrência como cliente, pois os valores dos itens são definidos pelo consumidor

4.2.3 Preço base consumidor

Esta modalidade é também conhecida como base valor, isto é, o valor que o público-alvo considera coerente para a compra. Neste caso a análise talvez seja a mais complexa das três, por conter uma avaliação muito subjetiva e de grande variação entre os consumidores pesquisados, tendo-se em vista que se consideram atributos tangíveis e intangíveis.

Uma pesquisa é necessária (quantitativa ou qualitativa – a quantitativa é mais recomendada) para que possamos encontrar com precisão o nível de preço atrativo aos olhos do consumidor. Existem inúmeras técnicas de pesquisa de preço. A mais comum consiste em pesquisar diferentes valores com diferentes consumidores, atribuindo-se uma escala de aceitação, a saber:[2]

- ( ) definitivamente compraria;
- ( ) possivelmente compraria;
- ( ) talvez sim, talvez não;
- ( ) possivelmente não compraria;
- ( ) definitivamente não compraria.

Outras técnicas utilizadas são a *conjoint analysis*, a *trade off*, e a análise de valor,[3] na qual se encontra a faixa aceitável de preço a partir dos níveis de preço "indiferente" e "ótimo". Todas as técnicas requerem um profissional especializado para serem mais bem aplicadas.

---

[2] AAKER, David A.; DAY, George S.; KUMAN, V. *Pesquisa de marketing*. 1. ed. São Paulo: Atlas, 2001. p. 654.
[3] Ver MALHOTRA, N. K. *Marketing research*. 2. ed. New Jersey: Prentice Hall, 1996. p. 709.

4.3 PONTO DE VENDA

Nesta análise não basta destacar o ponto de venda (local onde o público-alvo poderá adquirir o conceito a ser lançado); é necessário citar o quanto a compra será conveniente para o público-alvo. Aspectos como canais de marketing (atacadista, varejista, representante, agente etc.) devem ser considerados para se definir um custo coerente para o público-alvo e a forma como ele deseja adquirir o conceito.[4]

A cobertura também deve ser destacada nesta parte do plano. Os pontos que serão atendidos com o conceito são de extrema importância, porque definirão o custo de distribuição, que terá impacto no preço final do produto/serviço. É claro que não é apenas o custo que deve ser analisado, mas também o melhor retorno em termos de pontos a serem escolhidos, ou seja, em que locais teríamos mais consumidores finais potenciais e os melhores clientes.

Outros aspectos a serem considerados na análise do ponto de venda cabem ao sortimento de produtos/serviços, isto é, a variedade a ser oferecida em cada canal de marketing anteriormente definido e o nível de estoque a ser trabalhado. Se o produto exige pronto atendimento ao público-alvo, um nível adequado de estoque deve ser considerado. Finalmente, deve-se levar em conta o transporte a ser utilizado na distribuição. Ele deve atender às expectativas tanto em termos de velocidade quanto de relação custo-benefício.

Uma confusão comum na análise do ponto de venda ocorre quando o conceito é um serviço, em lugar de um produto. A análise deve partir do mesmo ponto a ser considerado no produto: sua conveniência para o público-alvo final. Como exemplos, podemos destacar que não é recomendável que um corpo de bombeiros fique afastado dos principais centros urbanos, ou que hospitais sejam construídos em locais de difícil acesso.

4.4 PROMOÇÃO

A promoção nada mais é que a forma de comunicação a ser adotada para alertar o público-alvo sobre o lançamento do novo conceito. Em marketing ela se define por seis elementos: promoção de vendas, propaganda, relações públicas, venda pessoal, marketing direto e eventos. Alguns autores incluem uma nova variável, conhecida por marketing na internet.[5] Entretanto, o senso comum define internet como mais uma mídia disponível para o uso dos seis elementos descritos.

Vale destacar que, dependendo do conceito a ser lançado, as ferramentas mais eficazes variam enormemente. Como exemplo, podemos ilustrar que bens de consumo de massa (alimentos, bebidas, eletroeletrônicos etc.) requerem uso maciço de propaganda; já bens industriais demandam forte venda pessoal e muito pouco em termos de propaganda. A seguir, apontamos os respectivos veículos de cada elemento da promoção de marketing:

---

[4] ROSENBLOOM, B. *Canais de marketing*. 6. ed. São Paulo: Atlas, 2002. p. 49.
[5] Ver OGDEN, James R. *Comunicação integrada de marketing*. 2. reimpressão. São Paulo: Prentice Hall, 2004.

Quadro 4.3 Comunicação integrada de marketing

Propaganda	Promoção de vendas	Relações públicas
– Anúncios impressos e eletrônicos – Anúncios em embalagens – Encartes em embalagens – Filmes – Manuais e brochuras – Cartazes e folhetos – Catálogos – Anuários – Reimpressão de anúncios – Outdoors – Painéis – *Displays* de ponto de venda – Materiais audiovisuais – Símbolos e logos – Videotapes	– Concursos/sorteios/loterias – Prêmios e brindes – Amostras grátis – Feiras e convenções – Exposições – Demonstrações – Cuponagem – Reembolsos parciais – Financiamento a juros baixos – Entretenimento – Promoções de troca – Programas de fidelização – Promoção no PDV integrada com propaganda	– Kits para a Imprensa – Palestras – Seminários – Relatórios anuais – Doações – Publicações – Relações com a comunidade – *Lobby* – Mídias especiais – Revista da Empresa

Venda pessoal	Marketing direto	Eventos/experiências
- Apresentações de vendas - Convenções de vendas - Programas de incentivo - Distribuição de amostras - Feiras e exposições	- Catálogos - Mala direta - Telemarketing - Compra eletrônica - Compra pela televisão - Fax - E-mail - Secretária eletrônica	- Esportes - Diversão - Festivais - Artes - Causas - Passeios pela fábrica - Museus corporativos - Atividades de rua

Nesta parte do plano é necessário encontrar a mídia mais eficaz em termos de custo-benefício para se promover a quantidade desejada de exposição à audiência-alvo. É necessário, portanto, definir qual seria o veículo mais adequado ao conceito e detalhar seu uso, para melhor comunicar o produto/serviço no mercado.

Grosso modo, podemos definir que a propaganda dá ao público-alvo uma razão para a compra; a promoção de vendas, um incentivo à compra; relações públicas tendem a desarmar consumidores menos suscetíveis às influências da comunicação e a sugerir mais credibilidade; a venda pessoal é recomendável para prospecção de mercado, isto é, ir até o público-alvo antes que ele venha até o produto/serviço, e é também recomendável para se criar relacionamentos com este público; o marketing direto é indicado para atrair novos consumidores e encontrar aplicações em comunicação, sob medida, aos diferentes consumidores finais; e, finalmente, recomenda-se a utilização de eventos quando desejamos que o cliente seja parte integrante e participativo na comunicação.

Propaganda	– Público mais amplo/mensagem universal/para criar imagem a longo prazo
Promoção	– Comunicação imediata/incentivo/convite
R.P.	– Credibilidade/"abertura de guarda" do consumidor
Venda pessoal	– Prospecção de mercados/relacionamento mais íntimo entre cliente e vendedor/resposta imediata
Marketing direto	– Pode atingir o cliente que está na concorrência/é uma comunicação feita sob medida/pode ser interativo
Eventos	– Consumidor como agente do processo/participativo

 RESUMO

1. A estratégia de marketing é a parte do plano em que se destaca o composto de marketing (4 Ps).
2. O composto de marketing, também conhecido como mix de marketing, é formado pela definição do produto (ou serviço), preço, ponto de venda e promoção.
3. Na definição do produto é necessário destacar seu diferencial em relação à concorrência (conforme já dito na seleção de mercado-alvo) e o posicionamento (mensagem ou promessa na mente do consumidor) desejável do produto ou serviço no mercado.
4. O preço deve ser definido pela consideração conjunta do custo do produto ou serviço em destaque, da análise de preço da concorrência e do valor que o consumidor atribui ao conceito.
5. Durante a definição do ponto de venda no plano de marketing, deve ser levada em consideração a conveniência da compra para o público-alvo.
6. Canais de marketing são os intermediários que se encontram entre o fabricante e o cliente final. Quanto mais desenvolvido for um canal de marketing, mais conveniente será a compra para o consumidor final.
7. A promoção em marketing define-se por cinco elementos: promoção de vendas, propaganda, relações públicas, venda pessoal e marketing direto.
8. Cada uma das cinco ferramentas que compõem a comunicação integrada de marketing (promoção) representa um objetivo e uma aplicação específica da forma de comunicação do produto/serviço em destaque.
9. A promoção é recomendável quando se deseja um incentivo à venda, ou um resultado mais imediato.
10. A propaganda é recomendada para a criação de uma imagem a longo prazo. Enquanto a promoção incentiva a compra, a propaganda lhe dá uma razão.
11. Relações públicas envolve primeiramente imprensa e comunidade, no intuito de gerar boas impressões sobre o produto/serviço/empresa no mercado.

12. A venda pessoal visa estimular o relacionamento entre cliente e fabricante, e é recomendável principalmente nas transações de empresas com empresas (B2B).
13. O marketing direto relaciona-se às atividades de comunicação que a empresa utiliza para atingir o público-alvo sem o uso de intermediários.

Palavras-chave:

composto de marketing, 4 Ps, produto, preço, ponto de venda, promoção, diferenciação, posicionamento, comunicação integrada de marketing.

 EXERCÍCIOS

1. Use como referência uma marca de celulares para descrever todas as variações do elemento produto no composto de marketing.
2. Defina que preço deveria ter um computador, com base na comparação com a concorrência. Levante os atributos de cada marca, mensure-os e faça a análise de valor.
3. Quais são os canais de marketing utilizados pelos fabricantes de computadores no Brasil? Qual deve ser o mais recomendado?
4. Destaque no gráfico abaixo o percentual do seu orçamento de comunicação integrada de marketing para cada produto/serviço em destaque e justifique sua decisão.

	PROPAGANDA	PROMOÇÃO	RELAÇÕES PÚBLICAS	MARKETING DIRETO	VENDA PESSOAL	EVENTOS/ EXPERIÊNCIAS
Lançamento de um novo xampu						
Nova linha de impressoras coloridas						
Serviço de consultoria						
Empresa fabricante de motores para navios						
Novo remédio para tratar a impotência						
Lançamento de um novo carro						
Lava-rápido						

Parte 5

METAS E OBJETIVOS

5.1 METAS

As metas de um plano de marketing correspondem ao itinerário básico para se chegar ao destino desejado. Em linhas gerais, seriam as intenções do conceito a ser defendido capazes de fornecer a orientação básica para se definir os objetivos.

São exemplos de metas:

- ser líder de mercado;
- fornecer alternativas de baixo custo;
- alcançar uma base sólida de consumidores da classe A.

Como se pode notar, a definição de metas sempre acontece em um nível de intenções gerais, ou seja, não é um resultado numérico ou que possa ser quantificado.

5.2 OBJETIVOS

Na prática, são a quantidade de consumidores que atingiremos com nosso conceito e o montante presumido de consumo em uma determinada área e em um período de tempo. Os objetivos, assim, são os resultados mensuráveis relacionados à meta previamente estabelecida.

Isto nada mais é que a própria definição de demanda:

> Volume total do que seria comprado por um grupo de clientes definido, em uma área geográfica definida, em um período definido, em um ambiente de marketing definido e sob um programa de marketing definido.[1]

Ao estabelecer a demanda, um erro comum é apontar o potencial partindo do consumidor, e não da estratégia propriamente dita. É comum também a confusão

---

[1] KOTLER, P. *Administração de marketing*. 10. ed. São Paulo: Prentice Hall, 2000 (adaptação da p. 142).

entre metas e objetivos. "Os gerentes utilizam o termo metas para descrever objetivos em termos de magnitude e prazo."[2]

Uma forma bastante prática de diferenciar metas de objetivos pode ser feita pelo uso do acrônimo MOPN:

> M de metas, O de objetivos, P de palavras e N de números. Para metas, use palavras – esboçando o quadro geral. Para objetivos, use números – complementando-os com os detalhes específicos.[3]

5.2.1 Demanda de mercado

Vamos supor que se vendam cinco milhões de televisores ao ano. Esta demanda se dá em função da estratégia global de marketing das empresas ativas no mercado. Se considerarmos que a função do marketing é a administração do composto de marketing (4 Ps – produto, preço, ponto de venda e promoção), concluiremos que, ao alterarmos o composto de marketing, alteramos também a demanda de mercado, como notamos a seguir:

- **Produto**

Se tivéssemos no mercado um televisor que, além de transmitir os programas preferidos, pudesse também acessar a internet, alguns consumidores interessados em um computador para uso exclusivo da internet poderiam optar pela compra desse televisor.

Além de mais barato que um computador, o aparelho teria a função original do televisor e, com isso, a demanda total por televisores tenderia a ser maior do que cinco milhões.

O mesmo pode ser concluído pelo comportamento do mercado de celulares com máquina fotográfica digital. O mercado de celulares tende a ter um pequeno crescimento nos próximos anos, proporcionalmente a uma pequena queda no mercado de máquinas fotográficas digitais.

Em suma, quanto melhor for o produto e mais funções puder ter, maior será sua demanda total.

- **Preço**

Vamos considerar que o preço médio de um televisor no Brasil seja de $ 500,00. Caso este preço se altere para $ 1.000,00, poderíamos matematicamente supor que a demanda de televisores cairia pela metade. O inverso ocorreu no Brasil entre os anos de 1993 e 1997, quando o mercado de automóveis duplicou em função da introdução de modelos mais baratos denominados "populares". Assim, quanto maior o preço médio no mercado, menor a demanda, e vice-versa.

---

[2] Idem, p. 101.
[3] PETERSON, S. D.; TIFFANY, P. *Planejamento estratégico*. 6. ed. São Paulo: Campus, 1999. p. 28.

- **Ponto de venda**

Caso uma marca de televisores no Brasil não possua muitos pontos de venda, dificultando o acesso do consumidor ao produto, a demanda pela marca tende a ser menor.

Quando a Coca-Cola introduziu no mercado americano o conceito de *vending machines* (máquinas que mantêm os refrigerantes em lata resfriados a uma temperatura agradável ao consumo e de fácil compra), hoje comuns no mundo todo, a demanda, estagnada havia anos, alcançou um aumento considerável. A introdução de mais um canal de venda, ou ponto de venda, neste caso, foi determinante.

Isto implica dizer que, quanto mais pontos de venda tenhamos disponíveis, maior será a demanda de mercado, em função da maior conveniência oferecida ao consumidor. Mais uma vez, o inverso também é verdadeiro.

- **Promoção**

Promoção, em marketing, corresponde às ferramentas de comunicação integrada de marketing (propaganda, promoção de vendas, relações públicas, marketing direto, venda pessoal e eventos).

Se uma marca de televisor é constantemente anunciada em revista, visível a todo momento em *outdoors* e outros veículos, a demanda tende a ser mais alta quando comparada a outras marcas pouco comunicadas. Sempre que tivermos algum tipo de promoção vinculada a brindes ou benefícios extras ao consumidor, a demanda tende a crescer.

No auge da campanha "Mamíferos" da Parmalat, há alguns anos, o consumo de leite aumentou consideravelmente, em função da troca das embalagens por bichos de pelúcia promovida pela campanha.

A exemplo dos outros elementos de marketing, o aumento de intensidade da promoção gera um aumento da demanda de mercado, e, mais uma vez, a diminuição de estratégias de promoção tem como consequência a diminuição dessa demanda.

5.2.2 Potencial de mercado

O aumento ou a diminuição da demanda pela manipulação do composto de marketing tem um limite, conhecido por potencial de mercado. Pode-se, defini-lo assim:

> limite que se aproxima da demanda de mercado, à medida que os gastos setoriais em marketing chegam perto de se tornar infinitos em um determinado ambiente de marketing.[4]

Existe um momento em que, por mais que diminuamos o preço do televisor, não haverá aumento no volume de vendas, porque o consumidor pode não ter mais

---

[4] KOTLER, P. *Administração de marketing*. 10. ed. São Paulo: Prentice Hall, 2000 (adaptação da p. 142).

espaço para colocar outro televisor em casa. Neste caso, dizemos que ocorreu uma saturação de mercado, ou seja, o máximo da demanda foi alcançado.

5.2.3 Previsão de vendas

Existem várias formas de definir o quanto deverá ser vendido. O plano de marketing deve trazer este número de forma clara, para convencer os avaliadores de que o objetivo é coerente e possível de ser alcançado.

Para chegar a este número devemos consultar várias fontes:[5]

- relatórios de agências;
- coleta de participação (venda de cada concorrente);
- pesquisas;
- análise macroambiental;
- teste de mercados padrões (lançamento prévio em mercados menores);
- opinião de especialistas;
- análise de séries de tempo.

5.2.4 Coleta de participação

Vamos supor que um novo celular esteja sendo lançado, e que este produto seja definido como mais sofisticado do que a nossa marca. Assumamos que temos ponto de venda, promoção e um produto muito similar ao da concorrência, que o nosso preço seja um pouco acima da média e que nossa marca possua imagem relativamente boa no mercado.

Considerando que a demanda total do segmento seja de 250.000 unidades/ano e a concorrência no mercado tenha segmento *premium*, podemos esclarecer a situação da seguinte forma:

- **Marca A** – líder de mercado (42%), preço médio, melhor imagem de mercado, alta lealdade do consumidor atual;
- **Marca B** – média participação de mercado (25%), preço alto, imagem indefinida de mercado;
- **Marca C** – média participação de mercado (23%), preço médio, recém-lançada, pouco conhecida no mercado;
- **Marca D** – baixa participação de mercado (10%), preço médio, imagem indefinida de mercado, pouca presença na mídia, poucos pontos de venda.

Teremos, então, a seguinte tabela:

---

[5] Ver GATES, R.; MacDANIEL, C. *Pesquisa de marketing*. 1. ed. São Paulo: Thomson, 2003. p. 252; AAKER, David A.; DAY, George S.; KUMAN, V. *Pesquisa de marketing*. 1. ed. São Paulo: Atlas, 2001. p. 166.

Tabela 5.1 *Coleta de participação*

	Participação atual	Participação prevista	Unidades
Marca A	42%	40%	100.000
Marca B	25%	18%	45.000
Marca C	23%	20%	50.000
Marca D	10%	8%	20.000
Nossa marca	0%	14%	35.000
TOTAL	**100%**	**100%**	**250.000**

Estamos considerando que conseguiríamos roubar muito pouco mercado da marca A, em função da alta lealdade por parte de seus consumidores atuais. A maior migração viria dos consumidores da marca B, porque ela opera com os preços mais altos de mercado, um pouco da marca C, por ser nova, e muito pouco da marca D, porque já possui participação relativamente baixa no mercado. Com essa análise, estaríamos definindo nosso objetivo com 35.000 unidades vendidas ao ano. É claro que, quanto mais houver fatores a serem considerados na análise e coleta de participação de mercado, mais precisa tende a ser a definição de objetivo contida no plano.

5.2.5 Pesquisas

Existem várias técnicas para auxiliar na definição de demanda ou potencial de mercado. Algumas mais criteriosas, outras nem tanto.

Uma forma que os institutos de pesquisa costumam usar com certa frequência é conhecida por teste simulado de mercado. A seguir, apresentamos algumas variações dessas técnicas, consideradas as mais científicas e, portanto, mais confiáveis:

- produto fantasma na gôndola – consiste em colocar o produto a ser lançado nos mesmos pontos de venda da concorrência e verificar a quantidade de consumidores que optariam pela compra. Pode ser feito em computador também; um *software* recria o ponto de venda de forma virtual e simula a técnica;

- clínicas – normalmente o consumidor-alvo é levado a um laboratório ou a um local devidamente preparado, com todas as opções de produto/serviço disponíveis no mercado e suas respectivas características e preços. É pedido ao consumidor que escolha qual conceito optaria por comprar;

- sondagem de campo – pesquisas quantitativas, com o público-alvo fora do contexto de compra. Pode estar em contato direto ou não com o conceito a ser medido;

- grupos de discussão – pesquisas qualitativas com o público-alvo, em contato direto ou não com o conceito a ser medido.

5.2.6 Análise macroambiental

Consiste no acompanhamento e análise de dados políticos, econômicos, culturais, ambientais, legais, físico-climáticos, sociais e tecnológicos. Normalmente, a análise macroambiental deve ser feita em adição a outros métodos de definição de demanda. Encontra melhores aplicações para a definição de um novo conceito ou de um mercado que se inaugura.

Vamos assumir um serviço similar às viagens de avião em termos de velocidade, o trem-bala, que possui custo intermediário em relação às passagens de ônibus e de avião, com opções semelhantes de trajetos. Cabe a nós tentarmos definir qual seria o potencial desse mercado.

Vale destacar que a definição de potencial de mercado não é uma ciência exata, e, por isso, o uso de mais de uma técnica é recomendável.

Poderíamos partir de um dado secundário, disponível no IBGE, que seria a população brasileira e sua estratificação social, a saber:

Tabela 5.2 *Divisão da população em classes sociais*

Classes	Participação	População
A1	1%	1.910.000
A2	4%	7.640.000
B1	9%	17.190.000
B2	19%	36.290.000
C1	23%	43.930.000
C2	23%	43.930.000
D	19%	36.290.000
E	2%	3.820.000
TOTAL	100%	191.000.000

Podemos prever um potencial de mercado para o novo conceito, como a seguir:

Tabela 5.3 *Previsão de potencial de mercado*

Classes	Participação	Potencial	Resultado potencial	Volume
A1	1%	40%	0,4%	764.000
A2	4%	35%	1,4%	2.674.000
B1	9%	30%	2,7%	5.157.000
B2	19%	20%	3,8%	7.258.000
C1	23%	5%	1,2%	2.196.500
C2	23%	5%	1,2%	2.196.500
D	19%	1%	0,2%	362.900
E	2%	0%	0,0%	0
TOTAL	100%	136%	11%	20.608.900

A coluna de potencial previsto apresenta previsões com base em dois fatores: preferência de viagem (avião ou novo conceito) e renda, baseada em classe social. Como exemplo, estamos assumindo que 40% da classe A1 no Brasil, que corresponde a 1% da população, poderia usar o novo conceito de transporte. O restante poderia escolher avião (grande parte do mercado da classe A1), uma minoria utilizaria outras formas de transporte, e assim por diante em relação às outras classes sociais.

A coluna "resultado potencial" traz o cômputo da divisão da estratificação pelo potencial assumido, e a coluna de volume representa a simples aplicação do resultado potencial em relação à população brasileira (191.000.000). Ao final, estamos prevendo que 20.608.900 pessoas poderiam utilizar o novo conceito de transporte.

Após isso tudo, devemos imaginar a frequência com que o público-alvo utilizaria esse novo tipo de transporte durante o ano. Para tanto é necessário, antes de tudo, segmentar esse mercado pelo perfil dos usuários. Este dado pode facilmente ser encontrado perante os órgãos de controle e análise do mercado de turismo.

Tabela 5.4 *Segmentação de mercado pelo perfil do usuário*

Segmento	Frequência	Percentual do perfil	Quantidade de usuários	Total de passagens
Executivo A	2X / mês	20%	4.121.780	98.922.720
Executivo B	1X / mês	40%	8.243.560	98.922.720
Eventual	2X / semestre	10%	2.060.890	8.243.560
Turista	1X / semestre	20%	4.121.780	8.243.560
Ocasional	1X / ano	10%	2.060.890	2.060.890
TOTAL	–	100%	20.608.900	216.393.450

Combinando várias técnicas e fontes de dados, e um pouco de previsão de mercado, chegamos ao mercado potencial do novo conceito. Vale lembrar que mercado potencial é o máximo da demanda, ou seja, o número definido acima é superestimado em relação à demanda real para este tipo de negócio. A partir da definição do potencial de mercado, deve-se aplicar um percentual que seria factível, em se considerando todos os outros tipos de transporte disponíveis no mercado. A melhor forma de se chegar a um número de demanda mais próximo da realidade seria combinar a coleta de participação de mercado (levantar quantos consumidores utilizam avião, ônibus e navio) ao número já existente na análise acima descrita.

Esta é uma das formas possíveis. Não existe uma consideração única para a definição de potencial de mercado. No exemplo citado, pode-se desenvolver o resultado a partir da população total, ou do mercado total, ou da combinação de renda *per capita* por crescimento populacional, entre tantas outras formas.

5.2.7 Análise de séries de tempo

Vamos analisar o quadro a seguir sobre vendas de televisores:

Tabela 5.5 *Vendas totais de televisores*

ANO	2006	2007	2008	2009
Volumes	9.000.000	9.900.000	10.890.000	11.979.000

Se as vendas demonstram uma tendência matemática estável de crescimento, de 10% ao ano, e nenhum outro novo dado de mercado à vista, podemos definir para 2010 a venda de aproximadamente 13.000.000 unidades. O resultado é obtido por meio de aplicação simples de um crescimento de 10% ao ano, o que significa que a análise de série de tempo nada mais é do que a tendência de crescimento ou queda de mercado, atrelada a dados econômicos e políticos, entre outros.

 RESUMO

1. A definição de metas e objetivos não é uma ciência exata.
2. Metas são intenções gerais do conceito a ser defendido, que dão a orientação básica para se definir os objetivos.
3. Metas são palavras, e objetivos são números.
4. Objetivos são a demanda da empresa no mercado-alvo, ou, ainda, a participação e volume da empresa no mercado.
5. A demanda de mercado é definida por um programa de marketing, ou, ainda, pela manipulação dos 4P's.
6. Potencial de mercado é o máximo da demanda, considerando-se três fatores em conjunto: interesse, renda e acesso.
7. Previsão de vendas é o montante que o planejador espera atingir, com base nos detalhes do plano de marketing.

Palavras-chave:

Metas, objetivos, demanda de mercado, potencial de mercado, previsão de vendas, técnicas de definição de potencial de mercado.

EXERCÍCIOS

1. Que dados você usaria e como conduziria uma análise de demanda para uma pousada em Itacaré na Bahia?
2. Qual seria o potencial mundial atual para o turismo à lua?

Parte 6

PLANO DE AÇÃO

O plano de ação organiza todos os programas contidos na implementação do plano de marketing, de forma que dê uma visão mais ampla de todas as ações, descrevendo-as e definindo-as quando ocorrem. O custo envolvido em cada uma delas deverá atingir os objetivos do negócio descrito no plano de marketing. Portanto, o plano de ação pode ser descrito por meio das três proposições básicas: o que, quando e quanto.

Normalmente a melhor maneira de apresentar esta parte do plano é na forma gráfica e planificada para o período abrangido, como no exemplo:

Quadro 6.1   *Plano de ação*

	Jan	Fev	Mar	Abr	Mai	Jun	Jul	Ago	Set	Out	Nov	Dez	Jan	Fev	TOTAL
	2010												2011		
Ação 1	$ 7.000														R$ 7.000
Ação 2			$ 25.000												R$ 25.000
Ação 3	$ 5.000			$ 5.000			$ 5.000			$ 5.000			$ 5.000		R$ 25.000
Ação 4		$ 1.000			$ 1.000			$ 1.000			$ 1.000			$ 1.000	R$ 5.000
Ação 5					$ 50.000										R$ 50.000
Ação 6				$ 12.500											R$ 12.500
Ação 7							$ 27.000								R$ 27.000
TOTAL															R$ 151.500

É recomendada, ainda, a descrição das ações que necessitem de um maior detalhamento. É comum, inclusive, que a pessoa ou departamento responsável sejam solicitados a atribuir funções aos elementos responsáveis por cada etapa.

A fim de não confundir o plano de ação com o fluxo de caixa (detalhado na próxima parte) do negócio a ser defendido, as ações destacadas no plano de ação são aquelas que necessitam de cuidados pontuais. Em outras palavras, as ações contidas no plano de ação costumam ser interdependentes, e não raro algumas ações devem ser precedidas de outras atividades pontuais.

Como exemplo, podemos citar que a contratação de pessoal é um item a ser incorporado ao plano de ação. No entanto, o pagamento mensal de salário não deve ser especificado no plano, apenas no fluxo de caixa.

 RESUMO

1. O plano de ação objetiva proporcionar uma visão mais ampla de todas as ações necessárias para o cumprimento dos objetivos do negócio.
2. O plano de ação, portanto, deve descrever: o que, quando e quanto.
3. Recomenda-se a apresentação gráfica e planificada das atividades contidas no plano de ação.
4. Quando necessário, é recomendado detalhar as atividades.

Palavras-chave:

Atividades, planificação gráfica, visão ampla, o que, quando, quanto.

 EXERCÍCIOS

1. Descreva as atividades necessárias ao lançamento de uma borracharia e construa seu plano de ação.
2. Descreva as atividades necessárias ao conceito que será defendido no seu plano de marketing e construa o respectivo plano de ação

Parte 7
VIABILIDADE FINANCEIRA

Esta talvez seja a parte mais consultada pelos avaliadores do plano de marketing, porque tem como objetivo justamente verificar o grau de sucesso do conceito defendido. Os investimentos são destacados e finalmente o retorno sobre eles é aferido. Portanto, é a viabilidade financeira que distinguirá uma boa ideia/conceito daquilo que de fato é relevante ao lançamento de um novo produto/serviço – a rentabilidade do negócio, ou, em outras palavras, qual será o lucro do novo conceito.

Os dados desta parte do plano devem ser elaborados de forma extremamente criteriosa, justamente em função do já destacado. É necessário cuidado, porque os avaliadores irão verificar a coerência dos vários elementos que o compõem.

Depois de detalhar cada elemento que gera receita e custo, é necessário apresentar os resultados de forma ampla, em um formato que possa ser entendido por qualquer profissional da área financeira.

A seguir, apresentamos uma forma bastante eficaz de demonstrar os resultados financeiros:

Quadro 7.1   *Demonstrativo de Resultados – DRE*

	Previsão
Receita bruta	$ 810.000
Custo dos bens vendidos	($ 560.000)
Lucro bruto	$ 250.000
Despesas administrativas, gerais e de vendas	($ 140.000)
Despesas de depreciação	($ 30.000)
Lucros operacionais	$ 80.000
Receitas de dividendos e juros	$ 3.000
Despesas com juros	($ 13.000)
Lucros antes da tributação	$ 70.000
Impostos	($ 20.000)
Lucro líquido por ano	$ 50.000

Os valores negativos podem ser apresentados tanto utilizando o próprio sinal de negativo ou o valor entre parênteses.

Definimos a seguir cada elemento do demonstrativo de resultado:

- **Receitas**
  - **Bruta** – todo o montante que a empresa recebe como resultado de sua atuação no ramo – preço dos produtos multiplicado pela quantidade vendida (demanda definida na Parte 5 do plano de marketing).
  - **de Dividendos e Juros** – outras fontes além das vendas, separadas desta receita (contas de poupança, títulos imobiliários etc.).
- **Custos**
  - **bens vendidos** – os custos dos bens vendidos são custos diretos para a geração de um produto ou serviço – matéria-prima, suprimentos, mão de obra direta, custos de manutenção das instalações produtivas etc.
  - **Administrativos** – custos associados ao produto ou serviço – salários indiretos, propaganda, promoção, relações públicas, venda pessoal, marketing direto, viagens, telefone, despesas contábeis, material de escritório, e os preferidos: outros.
  - **Depreciação** – os custos de depreciação representam a distribuição, ao longo do tempo, de custos e utilidade de itens de alto valor – imóveis, caminhões, computadores, máquinas. Perda lenta e natural do valor.
  - **Juros** – os custos com juros correspondem ao montante pago às instituições financeiras que concederam fundos para operar a empresa.
  - **Impostos** – são os custos compulsórios e variáveis por segmento.
- **Lucros**
  - **Bruto** – montante residual dos custos diretos.
  - **Operacional** – bruto (administrativo + vendas + depreciação). Operações de negócios gerais.
  - **Antes da tributação** – todo o montante residual, incluindo transações financeiras.
  - **Lucro líquido** – resultado final, descontado-se os tributos.

Outro ponto de relevância na viabilidade financeira refere-se ao investimento requerido pelo conceito defendido. Existem várias formas de definir investimentos em uma análise ampla de negócios.[1] Todavia, para um plano de marketing, o investimento deve ser todo o montante gasto no lançamento e acompanhamento do produto/serviço no mercado. Isto implica dizer que qualquer tipo de gasto efetuado para garantir a eficácia do conceito no mercado deve ser considerado como investimento.

Outra questão fundamental na definição dos elementos financeiros é o capital de giro necessário para manter o negócio operando de forma contínua. É comum a

---

[1] Ver GITMAN, Lawrence J. *Princípios de administração financeira*. 3. ed. São Paulo: Harbra, 1987. p. 232.

preocupação inicial com lucratividade e a questão da correta equalização do montante de giro necessário, que muitas vezes é deixado de lado ou tido como de menor importância.

Como destacado a seguir, é possível que a empresa opere com lucro e vá à falência, ao mesmo tempo, se não tomar cuidado com o nível adequado de capital de giro necessário para manter o negócio ativo no mercado.[2]

Quadro 7.2   Demonstrativo de resultados

(000)	Jan	Fev	Mar	Abr	Maio
Receita de Vendas	$ 1.000	$ 1.500	$ 2.000	$ 2.500	$ 3.000
Custo dos Bens Vendidos	($ 750)	($ 1.125)	($ 1.500)	($ 1.875)	($ 2.250)
Lucro Mensal	$ 250	$ 375	$ 500	$ 625	$ 750
Lucros Anuais até o momento	**$ 250**	**$ 625**	**$ 1.125**	**$ 1.750**	**$ 2.500**

Quadro 7.3   Demonstrativo de fluxo de caixa

(000)	Jan	Fev	Mar	Abr	Maio
Entrada de Fundos	$ 1.000	$ 1.000	$ 1.500	$ 2.000	$ 2.500
Saída de Fundos	($ 750)	($ 1.500)	($ 1.875)	($ 2.250)	($ 2.625)
Mudança na Posição do Caixa	$ 250	$ 500	$ 375	$ 250	$ 125
Total de Caixa Disponível	**$ 1.250**	**$ 750**	**$ 375**	**$ 125**	**$ 0**

Uma recomendação, neste caso, é considerar o investimento total necessário ao lançamento do conceito, levando-se em conta o fluxo geral de caixa do negócio, ou seja, todas as entradas e saídas de capital necessárias à manutenção contínua do lucro aferido.

Como exemplo, segue um modelo de fluxo de caixa de um conceito relativamente simples, com os investimentos necessários e receitas aferidas em um período de um ano após o resultado do retorno sobre o investimento, considerando-se o período destacado:

---

[2] PETERSON S. D.; TIFFANY, P. *Planejamento estratégico*. 6. ed. São Paulo: Campus, 1999. p. 198.

Tabela 7.1 Fluxo de caixa

	\					MÊS							
	0	1	2	3	4	5	6	7	8	9	10	11	12
Compra Equipamentos	($195.000)		($95.000)		($95.000)								
Treinamento	($5.000)												
Abertura de Firma	($2.000)												
Plano de ação	($2.000)	($10.000)	($2.000)	($2.000)	($2.000)	($2.000)	($2.000)	($2.000)	($2.000)	($2.000)	($2.000)	($2.000)	($2.000)
Matéria-prima (Insumos)	($1.000)	($1.200)	($1.300)	($1.500)	($1.700)	($1.800)	($1.800)	($1.800)	($1.800)	($2.000)	($2.000)	($2.000)	($2.000)
Aluguel	($800)	($800)	($800)	($800)	($800)	($800)	($800)	($800)	($800)	($800)	($800)	($800)	($800)
Água/Luz/Telefone	($900)	($900)	($900)	($900)	($900)	($900)	($900)	($900)	($900)	($900)	($900)	($900)	($900)
Contador	($250)	($250)	($250)	($250)	($250)	($250)	($250)	($250)	($250)	($250)	($250)	($250)	($250)
Limpeza	($200)	($200)	($200)	($200)	($200)	($200)	($200)	($200)	($200)	($200)	($200)	($200)	($200)
Salários	($1.200)	($1.200)	($1.200)	($1.200)	($1.200)	($1.200)	($1.200)	($1.200)	($1.200)	($1.200)	($1.200)	($1.200)	($1.200)
Receita Bruta		35.000	45.000	55.000	65.000	75.000	80.000	80.000	80.000	90.000	90.000	90.000	90.000
Impostos		($3.150)	($4.050)	($4.950)	($5.850)	($6.750)	($7.200)	($7.200)	($7.200)	($8.100)	($8.100)	($8.100)	($8.100)
Total Entradas	0	31.850	40.950	50.050	59.150	68.250	72.800	72.800	72.800	81.900	81.900	81.900	81.900
Total Saídas	($208.350)	($14.550)	($101.650)	($6.850)	($102.050)	($7.150)	($7.150)	($7.150)	($7.150)	($7.350)	($7.350)	($7.350)	($7.350)
Diferença	($208.350)	$17.300	($60.700)	$43.200	($42.900)	$61.100	$65.650	$65.650	$65.650	$74.550	$74.550	$74.550	$74.550
Mudança no Caixa	($208.350)	($191.050)	($251.750)	($208.550)	($251.450)	($190.350)	($124.700)	($59.050)	$6.600	$81.150	$155.700	$230.250	$304.800

Investimento ($ 311.950)   Lucro Bruto $ 616.750 → $ 616.750 − $ 311.950 = Lucro Líquido $ 304.800

$ 304.800 / $ 311.950 = 0,9770 = 97,70% RSI – Retorno sobre o Investimento

Todos os dados entre parênteses representam as saídas de capital, e os demais as entradas. Como se pode notar, os meses 0, 2 e 4 apresentaram mais saídas do que entradas, o que resultará um caixa negativo caso não se planeje um capital de giro que cubra esses gastos. A última linha representa a mudança de caixa caso não se utilize um capital de giro como parte do investimento. Se você possui um banco ou um investidor cobrindo seu caixa, esta é a sua dívida com ele.

O mês 0 (zero) no fluxo de caixa destaca as saídas de capital a serem realizadas antes mesmo de as operações serem iniciadas. Como representação em um plano de marketing, recomenda-se utilizar os resultados da linha definida como "diferença" e somar os meses em que as entradas são inferiores às saídas – resultados negativos de caixa –, e assumi-los como investimento total.

Os meses em que as entradas forem superiores às saídas, estas deverão ser consideradas como lucro e devem compor o cálculo de retorno financeiro, a saber:

$$\text{Retorno sobre o investimento} = \frac{\text{total de entradas} - \text{total de saídas}}{\text{total de saídas}}$$

Se considerarmos o retorno financeiro aferido como sendo relativamente mais alto do que um resultado normalmente proveniente de uma aplicação similar em algum tipo de investimento bancário, podemos afirmar que o negócio descrito no plano é de interesse destacado por parte de um investidor.

A última linha no fluxo de caixa (mudança no caixa) destaca a diferença no caixa no mês anterior comparada com a diferença no mês corrente. Esse resultado permite que visualizemos o mês exato em que o caixa começa a entrar "no azul", ou seja, o momento em que o investimento total passa a ser pago, ou, ainda, em quanto tempo se dará o retorno do investimento (*payback*). No exemplo citado anteriormente, isto ocorre no 8º mês. É claro que essa é uma abordagem relativamente simples de aferição do resultado financeiro do negócio. Todavia, como estudo de viabilidade, o modelo cumpre com eficácia o objetivo de projeção de resultados.

O período considerado para a elaboração do fluxo de caixa corresponde exatamente ao período em que o retorno do investimento deve se concretizar. Em outras palavras, se o negócio em destaque retornar o investimento inicial em 12 meses, com o lucro necessário para cobrir o investimento, e ainda aferir um ganho relativamente maior quando comparado a um investimento bancário de médio risco de 24 meses, o fluxo de caixa deve apresentar 36 meses para uma melhor representação do retorno sobre o investimento.

Neste caso, um adendo é necessário. Vamos supor que você tenha construído um fluxo de caixa de 3 anos e os resultados tenham sido os seguintes:

Total de saídas (investimento): $350.000

Total de entradas (lucro bruto): $790.000

Lucro líquido = lucro bruto – investimento = $440.000

Retorno sobre o investimento = 440.000 / 350.000 = 1,25, que é igual a 125%

Entretanto, estamos nos referindo a um período de 3 anos. Como poderíamos comparar, por exemplo, com uma aplicação bancária que é aferida de forma anual?

Basta transformarmos o retorno referente a 3 anos em taxa anual.

Deve-se proceder da seguinte forma, utilizando os mesmos valores destacados anteriormente:

Total de entradas / total de saídas = $790.000 / $350.000 = 2,2571

Eleva-se o valor a 1 sobre a quantidade de anos definida no fluxo = 2,2571 elevado a 1/3 = 1,3118

No valor encontrado, subtrai-se 1 (fator referente ao investimento) = 0,3118, que é igual a 31,18% ao ano.

Para conferir se está correto: $350.000 (Investimento) + 31,18% = $459.130 (1º ano) + 31,18% = $602.286 (2º ano) + 31,18% = $790.000 (3º ano) Exatamente o valor encontrado no lucro bruto.

Nos exemplos citados, consideramos um plano que nasce do nada, ou um novo produto ou serviço a ser introduzido no mercado. Entretanto, um plano pode se referir ao reposicionamento de um produto ou serviço já existente no mercado.

Neste caso, a fim de aferir os resultados nos casos de produtos ou serviços já existentes é necessário que comparemos a situação atual (sem a influência do plano) com a nova proposta do plano.

É claro que um reposicionamento é necessário quando o resultado ou desempenho mercadológico é inferior ao desejado pela empresa/empreendedor. Em outras palavras, produtos ou serviços em situação precária quanto às vendas ou aos resultados financeiros, e o novo plano visa corrigir os problemas atuais e recolocar o produto ou serviço de volta nos "trilhos".

Vamos imaginar a seguinte situação atual de um produto:

Quadro 7.4   *Situação atual*

	SITUAÇÃO ATUAL			
	ANO 1	ANO 2	ANO 3	TOTAL
Demanda	90.000	87.000	85.000	**262.000**
Faturamento	$ 1.980.000	$ 2.001.000	$ 2.040.000	**$ 6.021.000**
Plano de ação	$ 150.000	$ 200.000	$ 200.000	**$ 550.000**
Lucro	$ 396.000	$ 400.200	$ 408.000	**$ 1.204.200**

Neste caso podemos visualizar queda nas vendas e um ligeiro incremento no faturamento por conta talvez do ajuste de preços. Entretanto, um novo plano e reestruturação da linha são necessários a fim de estancar a queda de vendas e a inevitável suspensão do produto por parte da empresa.

A partir das ações de um novo plano de marketing, os seguintes resultados poderiam ser destacados:

Quadro 7.5   *Novo plano de marketing*

	NOVO PLANO DE MARKETING			
	ANO 1	ANO 2	ANO 3	TOTAL
Demanda	108.000	128.000	135.000	**371.000**
Faturamento	$ 2.808.000	$ 3.456.000	$ 3.780.000	**$ 10.044.000**
Plano de ação	$ 300.000	$ 390.000	$ 450.000	**$ 1.140.000**
Lucro	$ 617.760	$ 760.320	$ 831.600	**$ 2.209.680**

Como demonstrado, uma nova demanda e faturamento foram alcançados em decorrência de volumosos gastos no novo plano de ação proposto e, claro, um novo lucro foi auferido.

Ao comparamos as duas situações e somando-se os três anos de estudo teremos o seguinte resultado:

Quadro 7.6 *Resultado*

	C/ PLANO	S/ PLANO	DIFERENÇA
Lucro	$ 2.209.680	$ 1.204.200	$ 1.005.480
Plano de ação	$ 1.140.000	$ 550.000	$ 590.000

A partir deste quadro, podemos concluir que o novo plano propõe um investimento incremental de $ 590.000 ($1.140.000 − $550.000 atualmente gasto com a situação atual).

Outro destaque do quadro corresponde aos novos índices de lucratividade. O novo lucro ($2.209.680) comparado com a situação atual ($1.204.200) dá uma diferença, ou incremento, nos lucros da ordem de $1.005.480.

Se a diferença de gastos no plano de ação somam-se a $590.000, podemos, portanto, considerar este valor como sendo o novo investimento, e a diferença de lucratividade como o novo lucro da empresa.

Se aplicarmos as formas de Retorno sobre o Investimento (RSI) teremos:

Lucro/investimento = $1.005.480 / $590.000 = 1,7042 = 70,42%

Como o resultado corresponde a 3 anos, se aplicarmos a fórmula de conversão anual: (1,7042 elevado a 1/3) = 1,1944 = 19,44% ao ano. Com este resultado, podemos concluir que o plano é factível, pois nenhum investimento bancário remuneraria o capital acima deste índice.

 **RESUMO**

1. Os principais conceitos da viabilidade financeira são os investimentos e o retorno sobre esses investimentos.
2. Para um adequado e criterioso levantamento do investimento necessário e do retorno sobre o investimento, é necessária a construção detalhada de um fluxo de caixa que descreva todas as entradas e saídas de capital.
3. O demonstrativo de resultados deve ser o elemento para o fechamento ou a conclusão do fluxo de caixa.
4. O período apresentado no fluxo de caixa deve ser relativo ao tempo que o investimento necessita para ser pago com lucros relevantes.

Palavras-chave:

Investimento, retorno sobre o investimento, fluxo de caixa, demonstrativo de resultados.

EXERCÍCIOS

1. Qual é o ganho médio de um investimento bancário de médio risco? Por que esta informação é importante ao se considerar a viabilidade financeira de um plano de marketing?
2. Simule o fluxo de caixa referente a uma borracharia, em um período de um ano, e apresente ao final o demonstrativo de resultados resultante do fluxo de caixa.

Parte 8

CONTROLES

A parte do plano de marketing definida como controles refere-se à avaliação e acompanhamento do conceito (produto ou serviço) lançado no mercado para possíveis acertos ou ajustes.

Trata-se do monitoramento do produto/serviço após seu lançamento no mercado, indicando-se ferramentas de avaliação, acompanhamento de metas e objetivos, controle de orçamentos e gastos, entre outros.

É importante ter-se um sistema de monitoração e controle adequado para medir o desempenho na conquista dos objetivos do plano de marketing, e recomenda-se a ação corretiva quando necessário.[1]

Esta parte do plano pode conter inclusive um plano de contingência – quais ações ou atitudes da direção da empresa/negócio devem ser tomadas em resposta a eventos adversos de mercado, não programados em situações normais, como: greves, guerras de preços, novas regulamentações de mercado, novos concorrentes, produtos substitutos, problemas com fornecedores, mudanças de comportamento do consumidor em relação ao conceito lançado, problemas de custo e qualidade, entre outros. Para que os controles no plano de marketing sejam úteis e efetivos, devem antecipar possíveis problemas e acontecimentos, para que seja possível se preparar com ações eficazes e já imaginadas anteriormente.

 RESUMO

1. Controle refere-se à avaliação e acompanhamento do conceito lançado no mercado.
2. Ao definir um produto ou serviço, é necessário imaginar possíveis problemas e suas respectivas soluções, o que também é conhecido por plano de contingência.
3. O controle deve considerar todas as possíveis alterações macro ou microambientais que possam causar impacto no negócio defendido.

---

[1] WESTWOOD, J. *O plano de marketing*. 2. ed. São Paulo: Makron Books, 1997. p. 255.

Palavras-chave:

Contingência, macroambiental, microambiental, antecipar.

EXERCÍCIOS

1. Que consequências o mercado automobilístico teria caso o preço do petróleo no mercado mundial aumentasse consideravelmente? Que medidas deveriam ser destacadas em um plano de marketing referente a um novo modelo de automóvel, neste caso?
2. Que fatores deveriam ser incluídos na parte "Controles" de um plano de marketing para o caso de uma distribuidora de computadores, cujo principal fabricante por ela distribuído decida não utilizar mais intermediários e passe a comercializar seus computadores diretamente pela internet?

Apêndice

EXEMPLO DE PLANO DE MARKETING

BAR TANGERINE

Apresentamos a seguir um exemplo de plano de marketing referente a um serviço, para futura referência e eventual consulta. Alguns dados são fictícios, a fim de resguardar algumas marcas ativas no mercado. Possui, portanto, um caráter mais ilustrativo e referencial dos planos de marketing comumente encontrados no mercado.

1. SUMÁRIO EXECUTIVO

TANGERINE – Bar *premium*, localizado no bairro Itaim, em São Paulo, com música ao vivo, culinária requintada e apreciação etílica, direcionado para o público entre 30 e 50 anos da classe social A1.

O principal diferencial será o atendimento personalizado aos frequentadores, por meio de uma equipe formada por aproximadamente 60 funcionários altamente qualificados e treinados. Não serão permitidas, em nenhum momento, filas ou espera de atendimento. Busca-se, com isto, garantir a organização e a comodidade de todos os clientes, proporcionando-lhes conforto físico e emocional.

Chefs premiados oferecerão originalidade, criatividade e qualidade desde os petiscos mais triviais até os pratos mais elaborados e sofisticados.

Cinco bares estrategicamente distribuídos servirão, com rapidez e precisão, desde os drinks mais tradicionais até exclusivos combinados etílicos de distinto destaque e sofisticação.

Visão – Garantir que nossos clientes sempre alcancem o mais alto nível de satisfação em um bar no território brasileiro.

Missão – Oferecer aos clientes mais maduros pertencentes à classe social A1 uma forma de entretenimento de alta satisfação, por meio de um atendimento primoroso a um custo justo e moderado.

Quadro 1 *Finanças*

Investimento inicial	1.919,7 milhões
Receita bruta (3 anos)	15.225,1 milhões
Lucro líquido (3 anos)	2.534,4 milhões
Payback	30º mês
Retorno sobre o investimento	132% em 3 anos
Retorno médio anual sobre o investimento	32,40% ao ano

2. INVESTIGAÇÃO AMPLA DE MERCADO

2.1 Macroambiente

2.1.1 *Forças políticas/legais*

A cidade de São Paulo é governada pelo prefeito Gilberto Kassab, do Partido Democratas, desde 1º de janeiro de 2009, com mandato até 31 de dezembro de 2012. A composição da Câmara Municipal conta com a maior bancada do Brasil – 55 vereadores:

Quadro 2 *Composição da Câmara Municipal*

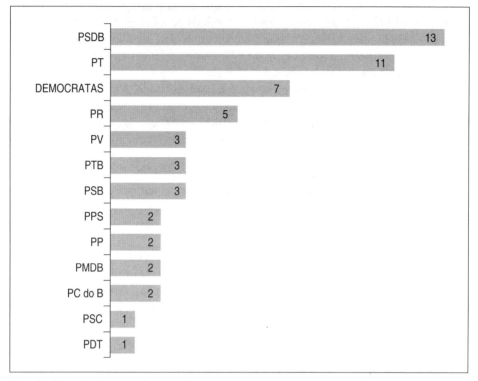

Fonte: Prefeitura do Município de São Paulo.

Como destacado acima, o atual prefeito conta com uma boa base de apoio que oscila entre 30 e 40 vereadores, de um total de 55, ou ainda, uma expressiva vantagem perante a oposição (essencialmente o Partido dos Trabalhadores – PT). Esta composição auxilia a atual administração na aprovação de medidas mais sensíveis. Esse apoio se estende ao governo do estado na figura do governador José Serra, ex-prefeito da cidade de São Paulo, quando o atual prefeito era seu vice e apoiador confesso da atual gestão da prefeitura.

Em relação ao negócio em destaque no plano, a prefeitura terá significativa influência, com especial destaque à lei da cidade limpa (lei contra a poluição visual no município de São Paulo), proposta e sancionada pelo atual prefeito, que restringe o tamanho das placas de identificação de estabelecimentos comerciais para que sejam proporcionais ao tamanho das fachadas. Em imóveis grandes (com fachadas de 100m ou mais), o letreiro não pode ser maior que 10m^2; nos médios (fachadas com entre 10m e 100m), o limite é de 4m^2; e nos pequenos (menos de 10m de fachada), o limite é de 1,5m^2.

Há ainda um outro ponto a ser considerado no plano, que é o nível de ruído permitido em estabelecimentos do tipo destacado. Há outra lei municipal, conhecida por "Psiu", que foi criada pelo Decreto nº 34.569/94, que tem como objetivo combater a poluição sonora (ruídos) emitida por bares que possam causar incômodo ao bem-estar da vizinhança. A atuação do PSIU é regulada pela Lei municipal nº 11.501/94 (alterada pela Lei nº 11.986/96), que trata do controle e fiscalização de atividades geradoras de poluição sonora; Lei nº 12.879/99, que estabelece os horários de funcionamento de bares no município: das 5h a 1h.

A lei regulamenta dois pontos, a saber: a hora e o ruído. A primeira determina que, para funcionarem após a 1 hora da manhã, os bares e restaurantes devem ter isolamento acústico, estacionamento e segurança. Antes deste horário, a Lei do Ruído controla a quantidade de decibéis emitidos pelos estabelecimentos, a qualquer hora do dia ou da noite.

Os limites de ruído são definidos pela Lei de Zoneamento. Nas zonas residenciais, é de 50 decibéis entre 7 e 22 horas. Das 22 às 7 horas, cai para 45 decibéis. Nas zonas mistas, das 7 às 22 horas fica entre 55 e 65 decibéis (dependendo da região). Das 22 às 7 horas, varia entre 45 e 55 decibéis. Nas zonas industriais, entre 7 e 22 horas fica entre 65 e 70 decibéis; das 22 às 7 horas, entre 55 e 60.

Destacamos ainda a lei do estado de São Paulo nº 13.541, de 07/05/2009, que proíbe fumar no interior de bares, boates, restaurantes, escolas, museus, áreas comuns de condomínios e hotéis, casas de shows, açougues, padarias, farmácias e drogarias, supermercados, shoppings, repartições públicas, hospitais e táxis.

Fica permitido fumar em casa, em áreas ao ar livre, estádios de futebol, vias públicas, nas tabacarias e em cultos religiosos, caso isto faça parte do ritual. Quartos de hotéis e pousadas, desde que ocupados por hóspedes, estão liberados.

Para evitar punições, os responsáveis pelos estabelecimentos devem adotar algumas medidas. Entre elas, a fixação de cartazes alertando sobre a proibição e a retirada dos cinzeiros das mesas de bares e restaurantes como forma de desestimular que cigarros sejam acesos. Devem, também, orientar seus clientes sobre a nova lei e pedir para que não fumem. Caso alguém se recuse a apagar o cigarro, a presença da polícia poderá ser solicitada.

Em caso de desrespeito à lei, o estabelecimento receberá multa, que será dobrada em caso de reincidência. Se o estabelecimento for flagrado uma terceira vez, será interditado por 48 horas. E, em caso de nova reincidência, a interdição será de 30 dias.

Outro ponto de defesa ao negócio consiste de um projeto destacado pelo atual prefeito, durante a campanha pela prefeitura, que promete facilitar e diminuir a burocracia para a abertura de novos negócios na cidade de São Paulo. Essa medida encontra apoio inclusive do partido de oposição, que faz parte do governo federal e que, por isso, também busca o mesmo tipo de mecanismo na esfera federal. Portanto, a medida destacada acima tende a facilitar a consolidação e a abertura do negócio em destaque; as demais tarefas de oficialização do negócio seguem o trâmite normal de aprovação junto aos órgãos oficiais da prefeitura da cidade de São Paulo.

A prefeitura conta ainda com 31 subprefeituras e 96 distritos administrativos, como destacado a seguir:

Tabela 1 *Subprefeituras*

01. Perus	02. Pirituba	03. Freguesia do Ó	04. Casa Verde
05. Santana/Tucuruvi	06. Jaçanã/Tremembé	07. Vila Maria/Vila Guilherme	08. Lapa
09. Sé	10. Butantã	11. Pinheiros	12. Vila Mariana
13. Ipiranga	14. Santo Amaro	15. Jabaquara	16. Cidade Ademar
17. Campo Limpo	18. M'Boi Mirim	19. Capela do Socorro	20. Parelheiros
21. Penha	22. Ermelino Matarazzo	23. São Miguel	24. Itaim Paulista
25. Mooca	26. Aricanduva	27. Itaquera	28. Guaianazes
29. Vila Prudente	30. São Mateus	31. Cidade Tiradentes	

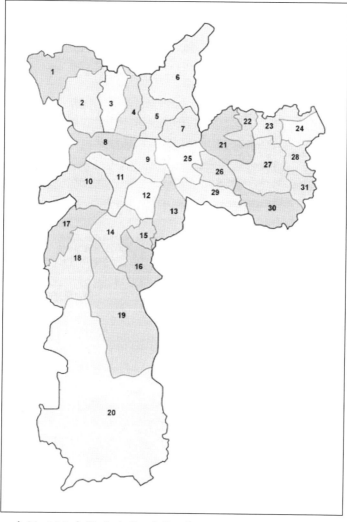

Fonte: Prefeitura do Município de São Paulo/Sempla/Deinfo.

Tabela 2 *Subprefeituras e distritos da cidade de São Paulo*

Distritos	Subprefeituras	Região
Centro	Sé	Bela Vista Bom Retiro Cambuci Consolação Liberdade República Santa Cecília Sé

Distritos	Subprefeituras	Região
Norte	Casa Verde/ Cachoeirinha	Cachoeirinha Casa Verde Limão
	Freguesia/ Brasilândia	Brasilândia Freguesia do Ó
	Jaçanã/Tremembé	Jaçanã Tremembé
	Perus	Anhanguera Perus
	Pirituba	Jaraguá Pirituba São Domingos
	Santana/Tucuruvi	Mandaqui Santana Tucuruvi
	Vila Maria/ Vila Guilherme	Vila Guilherme Vila Maria Vila Medeiros

Distritos	Subprefeituras	Região
Sul	Campo Limpo	Campo Limpo Capão Redondo Vila Andrade
	Capela do Socorro	Cidade Dutra Grajaú Socorro
	Cidade Ademar	Cidade Ademar Pedreira
	Ipiranga	Cursino Ipiranga Sacomã
	Jabaquara	Jabaquara
	M'Boi Mirim	Jardim Ângela Jardim São Luiz
	Parelheiros	Marsilac Parelheiros
	Santo Amaro	Campo Belo Campo Grande Santo Amaro
	Vila Mariana	Moema Saúde Vila Mariana

Distritos	Subprefeituras	Região
Leste	Aricanduva/ Vila Formosa/ Carrão	Aricanduva Carrão Vila Formosa
	Cidade Tiradentes	Cidade Tiradentes
	Ermelino Matarazzo	Ermelino Matarazzo Ponte Rasa
	Guaianazes	Guaianazes Lajeado
	Itaim Paulista	Itaim Paulista Vila Curuçá
	Itaquera	Cidade Lider Itaquera José Bonifácio Parque do Carmo
	Mooca	Água Rasa Belém Brás Mooca Pari Tatuapé
	Penha	Artur Alvim Cangaíba Penha Vila Matilde
	São Mateus	Iguatemi São Mateus São Rafael
	São Miguel	Jardim Helena São Miguel Vila Jacuí
	Vila Prudente/ Sapopemba	São Lucas Sapopemba Vila Prudente

Distritos	Subprefeituras	Região
Oeste	Butantã	Butantã Morumbi Raposo Tavares Rio Pequeno Vila Sônia
	Lapa	Barra Funda Jaguara Jaguaré Lapa Perdizes Vila Leopoldina
	Pinheiros	Alto de Pinheiros Itim Bibi Jardim Paulista Pinheiros

Fonte: Prefeitura do Município de São Paulo.

Há basicamente duas formas de tributação que podem incidir sobre operações no tipo de negócio defendido no plano de marketing.

Uma delas é conhecida por "Simples Nacional", para negócios que faturam anualmente entre R$ 120.000,00 e R$ 2.400.000,00, e o lucro presumido, para negócios com faturamento bruto de até R$ 24.000.000,00.

O Simples Nacional é um regime tributário diferenciado, simplificado e favorecido previsto na Lei Complementar nº 123, de 14/12/2006, aplicável às Microempresas e às empresas de pequeno porte, a partir de 1º/07/2007.

Esta Lei Complementar estabelece normas gerais relativas às Microempresas e às Empresas de Pequeno Porte no âmbito dos Poderes da União, dos Estados, do Distrito Federal e dos Municípios, abrangendo não só o regime tributário diferenciado (Simples Nacional), como também aspectos relativos às licitações públicas, às relações de trabalho, ao estímulo ao crédito, à capitalização e à inovação, ao acesso à justiça, dentre outros.

Considera-se ME, para efeito do Simples Nacional, o empresário, a pessoa jurídica, ou a ela equiparada, que aufira, em cada ano-calendário, receita bruta igual ou inferior a R$ 240.000,00.

Considera-se EPP, para efeito do Simples Nacional, o empresário, a pessoa jurídica, ou a ela equiparada, que aufira, em cada ano-calendário, receita bruta superior a R$ 240.000,00 e igual ou inferior a R$ 2.400.000,00.

Considera-se receita bruta o produto da venda de bens e serviços nas operações de conta própria, o preço dos serviços prestados e o resultado nas operações em conta alheia, excluídas as vendas canceladas e os descontos incondicionais concedidos.

Para o ingresso no Simples Nacional é necessário o cumprimento das seguintes condições:

- enquadrar-se na definição de microempresa ou de empresa de pequeno porte;
- cumprir os requisitos previstos na legislação; e
- formalizar a opção pelo Simples Nacional.
- Abrange os seguintes tributos: IRPJ, CSLL, PIS/Pasep, Cofins, IPI, ICMS, ISS e a Contribuição para a Seguridade Social destinada à Previdência Social a cargo da pessoa jurídica;
- a apuração e recolhimento dos tributos abrangidos devem ser feitos mediante documento único de arrecadação;
- a disponibilização às ME e às EPP de sistema eletrônico para a realização do cálculo do valor mensal devido;
- apresentação de declaração única e simplificada de informações socioeconômicas e fiscais.

Tabela 3   Partilha do Simples Nacional – Comércio

Receita Bruta –12 meses (em R$)	Alíquota	IRPJ	CSLL	COFINS	PIS/PASEP	CPP	ICMS
Até 120.000,00	4,00%	0,00%	0,00%	0,00%	0,00%	2,75%	1,25%
De 120.000,01 a 240.000,00	5,47%	0,00%	0,00%	0,86%	0,00%	2,75%	1,86%
De 240.000,01 a 360.000,00	6,84%	0,27%	0,31%	0,95%	0,23%	2,75%	2,33%
De 360.000,01 a 480.000,00	7,54%	0,35%	0,35%	1,04%	0,25%	2,99%	2,56%
De 480.000,01 a 600.000,00	7,60%	0,35%	0,35%	1,05%	0,25%	3,02%	2,58%
De 600.000,01 a 720.000,00	8,28%	0,38%	0,38%	1,15%	0,27%	3,28%	2,82%
De 720.000,01 a 840.000,00	8,36%	0,39%	0,39%	1,16%	0,28%	3,30%	2,84%
De 840.000,01 a 960.000,00	8,45%	0,39%	0,39%	1,17%	0,28%	3,35%	2,87%
De 960.000,01 a 1.080.000,00	9,03%	0,42%	0,42%	1,25%	0,30%	3,57%	3,07%
De 1.080.000,01 a 1.200.000,00	9,12%	0,43%	0,43%	1,26%	0,30%	3,60%	3,10%
De 1.200.000,01 a 1.320.000,00	9,95%	0,46%	0,46%	1,38%	0,33%	3,94%	3,38%
De 1.320.000,01 a 1.440.000,00	10,04%	0,46%	0,46%	1,39%	0,33%	3,99%	3,41%
De 1.440.000,01 a 1.560.000,00	10,13%	0,47%	0,47%	1,40%	0,33%	4,01%	3,45%
De 1.560.000,01 a 1.680.000,00	10,23%	0,47%	0,47%	1,42%	0,34%	4,05%	3,48%
De 1.680.000,01 a 1.800.000,00	10,32%	0,48%	0,48%	1,43%	0,34%	4,08%	3,51%
De 1.800.000,01 a 1.920.000,00	11,23%	0,52%	0,52%	1,56%	0,37%	4,44%	3,82%
De 1.920.000,01 a 2.040.000,00	11,32%	0,52%	0,52%	1,57%	0,37%	4,49%	3,85%
De 2.040.000,01 a 2.160.000,00	11,42%	0,53%	0,53%	1,58%	0,38%	4,52%	3,88%
De 2.160.000,01 a 2.280.000,00	11,51%	0,53%	0,53%	1,60%	0,38%	4,56%	3,91%
De 2.280.000,01 a 2.400.000,00	11,61%	0,54%	0,54%	1,60%	0,38%	4,60%	3,95%

Fonte: Ministério da Fazenda.

A forma de tributação pelo lucro presumido define-se pela tributação das pessoas jurídicas que, não estando obrigadas ao regime de tributação pelo lucro real, tenham auferido, no ano-calendário anterior, receita total igual ou inferior a R$24.000.000,00 (vinte e quatro milhões de reais).

Considera-se receita total o somatório da receita bruta de vendas, dos ganhos de capital, das demais receitas e dos resultados positivos decorrentes de receitas não compreendidas na atividade.

No caso de início de atividade, o limite será proporcional à razão de R$2.000.000,00 (dois milhões de reais) multiplicado pelo número de meses do período.

Podem também optar pela tributação com base no lucro presumido as pessoas jurídicas que iniciarem atividades ou que resultarem de incorporação, fusão ou cisão, desde que não estejam obrigadas à tributação pelo lucro real.

As pessoas jurídicas tributadas pelo lucro presumido que, em qualquer trimestre do ano-calendário, tiverem seu lucro arbitrado, poderão permanecer no regime de tributação com base no lucro presumido relativamente aos demais trimestres do ano-calendário, desde que atendidas as disposições legais pertinentes (Lei nº 8.981, de 1985, art. 47, § 2º; Lei nº 9.430, de 1996, art. 1º; IN SRF nº 93, de 1997, art. 47).

A pessoa jurídica, seja comercial ou civil o seu objeto, pagará o imposto à alíquota de 15% (quinze por cento) sobre o lucro presumido, apurado de conformidade com o Regulamento. (fonte: Ministério da Fazenda)

A Consolidação das Leis do Trabalhos (CLT) regulamenta a tributação que incide na composição dos salários dos empregados no Brasil. Podemos observar a seguir os valores referentes do referido negócio.

Tabela 4   *Tributações*

REGIME CLT	
A – Benefícios	6,86%
B – Encargos sociais	37,90%
C – Encargos provisionais	32,53%
D – Encargos quitação	9,04%
E – Acréscimo para horistas	21,79%
F – Custos ocultos	5,00%
TOTAL	**113,12%**

Grupo A – Benefícios

Vale-transporte
Vale-refeição
Assistência médica
Cesta básica
DIT – Diária por Incapacidade temporária
Seguro de Vida

Grupo B – Encargos Sociais

INSS	20,60%
Salário educação	2,50%
Incra	0,20%
Sesi/Sesc	1,50%
Senac/Senai	1,00%
Seguro acidente de trabalho	3,00%
Sebrae	0,60%
FGTS	8,50%
TOTAL	**37,90%**

Grupo C – Encargos Provisionais

Férias	8,33%
1/3 das férias	2,78%
Abono pecuniário – 10 dias	2,75%
13º salário	8,33%
Licença-maternidade	0,86%
Licença-paternidade	0,18%
Aviso prévio trabalhado	1,13%
* Encargos sobre verbas de férias e 13º salário	8,17%
TOTAL	**32,53%**

Grupo D – Encargos de Quitação

Aviso prévio indenizado	2,23%
FGTS (sobre o aviso prévio)	1,78%
Multa (50% sobre o FGTS)	5,03%
TOTAL	**9,04%**

Grupo E – Acréscimo para Horista

Repouso semanal remunerado (48/220)	18,18%
Feriados (13/360)	3,61%
TOTAL	**21,79%**

Fonte: Ministério do Trabalho.

A fim de se iniciar as operações do referido projeto, é necessário um conjunto de procedimentos para regularizar e receber autorização de funcionamento, a saber: (fonte: Sebrae)

- consulta prévia para fins de alvará de funcionamento.
- registro da empresa no cartório de Registro Civil de Pessoas Jurídicas.
- obtenção do Cadastro Nacional de Pessoa Jurídica (CNPJ) na Secretaria da Receita Federal.
- alvará de licença do Corpo de Bombeiros.
- alvará de licença e funcionamento.
- inscrição no Cadastro Mobiliário de Contribuintes na Secretaria Municipal da Fazenda.
- inscrição na Previdência Social/ Instituto Nacional de Seguridade Social (INSS).
- autorização para impressão de documentos fiscais na Secretaria Municipal da Fazenda.
- inscrição no sindicato patronal.
- inspeções, registros e licenças junto a outros órgãos públicos.

Todos os detalhes de cada um dos dez passos podem ser encontrados no site do Sebrae – *www.sebrae.com.br*.

2.1.2 Forças econômicas

O setor paulista de comércio e serviços responde por mais de 54% do PIB do Estado brasileiro. Das 30 maiores empresas do comércio, 12 estão instaladas no estado de São Paulo.

São mais de 5,1 mil agências bancárias, e o número de empresas comerciais com Certificado ISO 9000 ultrapassa 300 (IPEA).

Na cidade de São Paulo, 70% da massa salarial de emprego formal está no segmento de serviços (Seade).

Quadro 3   PIB brasileiro (R$ Bilhões)

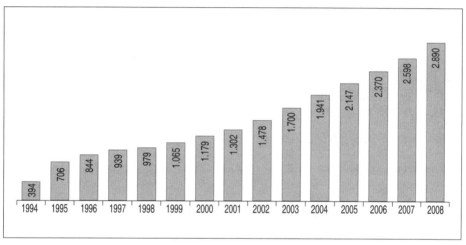

Fonte: IPEA.

O Produto Interno Bruto (PIB) brasileiro está estabilizado, em torno de R$ 3 trilhões. Os resultados do último trimestre e do primeiro semestre de 2009 preveem um ligeiro aumento em torno de 0,5% para o ano de 2009. Com o crescimento do PIB, portanto, aumenta-se em conjunto todos os índices de consumo, economia, renda *per capita*, entre outros, o que causa impacto direto no tipo de negócio defendido pelo plano.

Quadros 4 e 5   *PIB*

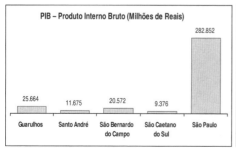
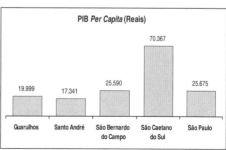

Fonte: IBGE e SEADE.

Em relação às áreas de estudo, verificamos que tanto o PIB nominal como o PIB *per capita* das regiões em destaque são expressivos e em linha com as principais capitais e cidades brasileiras.

A fim de estimar o poder de compra das pessoas e famílias urbanas, e abandonando a pretensão de classificar a população em termos de "classes sociais", foi definido um sistema de classificação econômica denominado "critério de classificação econômica Brasil".

O quadro a seguir mostra a distribuição da população na região metropolitana das maiores capitais brasileiras:

Tabela 5 *Distribuição da população na região metropolitana das maiores capitais brasileiras*

Classe	TOTAL BRASIL	Gde Fortaleza	Gde Recife	Gde Salvador	Gde Belo Horizonte	Gde Rio de Janeiro	Gde São Paulo	Gde Curitiba	Gde Porto Alegre	Distrito Federal
A1	0,7%	0,3%	0,4%	0,2%	0,8%	0,4%	1,1%	1,2%	0,4%	1,3%
A2	3,9%	4,5%	3,4%	3,7%	4,0%	3,0%	3,7%	5,1%	3,5%	8,4%
B1	9,0%	5,2%	5,8%	7,0%	8,9%	7,9%	11,0%	9,4%	9,4%	9,7%
B2	19,3%	7,9%	10,0%	10,5%	17,5%	20,0%	22,4%	24,5%	25,3%	19,9%
C1	23,0%	13,3%	16,6%	19,5%	20,5%	25,5%	24,4%	24,1%	27,6%	22,5%
C2	22,8%	23,2%	28,2%	27,1%	25,2%	25,1%	20,7%	20,4%	18,1%	19,8%
D	19,5%	35,7%	31,1%	28,3%	22,0%	17,6%	16,0%	14,2%	14,1%	17,9%
E	1,8%	10,0%	4,5%	3,8%	1,3%	0,7%	0,9%	1,3%	1,7%	0,7%

Fonte: ABEP – Associação Brasileira de Empresas de Pesquisa – 2009.

Pode-se notar que a Grande São Paulo possui uma das mais altas concentrações de população das classes A e B (38%), quando comparada ao resto do Brasil.

Um outro fator a ser considerado é a renda média familiar por classe:

Tabela 6 *Renda média familiar por classe*

Classe	Renda média
A1	R$ 14.250
A2	R$ 7.557
B1	R$ 3.944
B2	R$ 2.256
C1	R$ 1.318
C2	R$ 861
D	R$ 573
E	R$ 329

Fonte: ABEP – Associação Brasileira de Empresas de Pesquisa – 2009.

O que se pode concluir é que, mais uma vez, o investimento na Grande São Paulo se justifica devido a sua importância econômica no país (mais de 1/3 dos domicílios tem renda média familiar acima de R$ 2.256,00).

No que tange a incentivos ao investimento, o Brasil não detém uma posição muito confortável quando comparado a países com taxas de juros menores. É sabido que quanto menor a taxa de juros, maior é o incentivo ao investimento, haja vista que os empresários em países onde a taxa de juros é baixa preferem alocar seus recursos em negócios promissores, em vez de aplicações bancárias com rendimentos pífios.

A taxa de juros brasileira é uma das maiores do mundo. Atualmente encontra-se em um patamar de 8,75% ao ano, com tendência à estabilidade para os próximos 12 meses.

Quadro 6   Evolução da taxa de juros – Selic / Anual

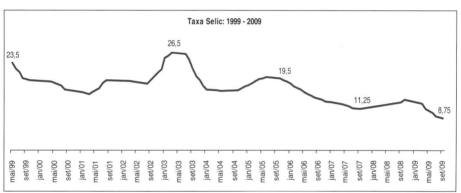

Fonte: Banco Central.

Assim, qualquer investimento no Brasil com retorno abaixo de 8,75% ao ano é desestimulante ao investidor. É preferível alocar recursos em aplicações bancárias com baixo risco e nenhum trabalho.

O quadro a seguir mostra o número de domicílios com renda mensal acima de R$ 10.982,00 (valores de setembro de 2003). O estudo mostra que em 2000 existiam 1,162 milhão de famílias ricas no país, o correspondente a 2,4% da população brasileira. Vinte anos antes, havia 507 mil famílias ricas, ou 1,8% da população na época.

88 Plano de Marketing

Tabela 7 *Domicílios com renda mensal acima de R$ 10.982,00*

São Paulo	443.462
Rio de Janeiro	76.317
Brasília	34.994
Belo Horizonte	27.526
São Bernardo do Campo	**23.394**
Porto Alegre	23.224
Curitiba	20.872
Santo André	**20.475**
Guarulhos	**17.094**
Salvador	15.182
Campinas	13.487
Osasco	12.879
Fortaleza	12.735
Recife	12.615
Goiânia	11.117
Niterói	10.394
São Caetano do Sul	**9.505**
Mogi das Cruzes	7.139
Belém	6.619
Santos	6.450

Fonte: Atlas da Exclusão Social no Brasil – Vol. 3.[1]

Podemos concluir que, segundo fontes, o grupo de consumidores tidos como mais afortunados está crescendo no Brasil, que algumas das cidades mais próximas de São Paulo possuem os maiores índices de consumo, e que o consumo *per capita*, se encontra acima de US$ 4.000.[2]

As cidades destacadas acima detêm 44% do PIB do estado de São Paulo (Fundação SEADE).

Esta afirmação encontra subsídio no quadro a seguir, em que se demonstra uma clara superioridade da Grande São Paulo em relação à penetração de mercado de alguns itens de indiscutível relação com as classes mais privilegiadas:

---

[1] Fonte: Pochmann, Marcio; Amorim, Ricardo Gomes, 1. ed., São Paulo: Cortez, 2003.
[2] Fonte: www.targetmark.com.br.

Quadro 7 *Penetração de bens de consumo*

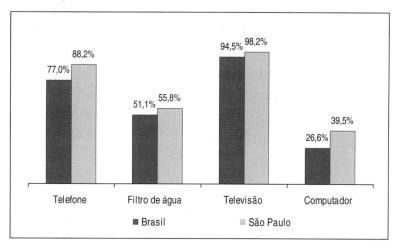

Fonte: IBGE – PNAD 2008.

Em relação à inflação brasileira, podemos destacar que o índice e consumo das classes mais privilegiadas têm influência direta em todos os negócios e conceitos oferecidos ao mercado.

No caso do público-alvo em estudo (Classe A1 – Grande São Paulo), o mercado de entretenimento talvez seja o mais afetado pelos altos índices inflacionários, porque o consumidor deixa de gastar no que considera supérfluo e passa a poupar mais, em função das incertezas quanto ao futuro. O inverso se mostra verdadeiro: quando os índices inflacionários encontram-se controlados, o consumo tende a aumentar quase que de forma imediata (Target Marketing).

O destaque a seguir mostra que os índices de inflação se encontram estáveis e em níveis relativamente baixos quando comparados ao início da década de 1990, época em que não havia controle ou possibilidade de previsão dos índices.

Quadro 8 *Inflação – IGPM*

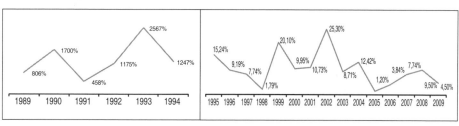

Fonte: FGV.

Como detalhamento do gráfico anterior, apresentamos a destinação da renda da classe A1 da Grande São Paulo.

Quadro 9 *Destinação da renda da classe A1 da Grande São Paulo*

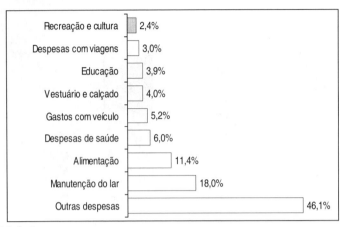

Fonte: Target Marketing.

O público em destaque possui uma renda mensal acima de R$ 10.982. Como potencial de gasto em nosso tipo de negócio, podemos presumir um mínimo de R$ 260,00 por mês. As outras despesas correspondem a 46% do gasto médio do paulistano, ou seja, aumentam as possibilidades de aumento de gasto no campo de entretenimento.

Em relação ao potencial de consumo por bairro na cidade de São Paulo, podemos notar que normalmente a renda *per capita* e a concentração populacional são inversamente proporcionais. Bairros situados na região da Zona Leste são os mais populosos, e ao mesmo tempo os que apresentam famílias com o menor poder aquisitivo.

Tabela 8 *Subprefeituras com domicílios acima de 20 salários-mínimos*

Subprefeitura	Qtde	Percentual
Vila Mariana	61.211	56%
Pinheiros	58.624	59%
Sé	43.921	31%
Lapa	36.848	42%
Butantã	31.874	30%
Santo Amaro	30.914	46%
Santana/Tucuruvi	29.926	31%
Mooca	29.413	30%
Ipiranga	25.312	20%
Penha	17.639	13%

Fonte: IBGE – Censo 2000.

O inverso também é verdadeiro: bairros como Moema, Jardim Paulista, Morumbi e Pinheiros figuram entre aqueles que possuem o maior potencial de consumo e a menor concentração populacional.

Quadro 10 Renda média de salários-mínimos por regiões da cidade de São Paulo

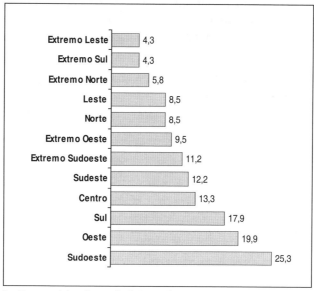

Fonte: IBGE/Estudos Empresariais – Geografia de Mercado.

Os bairros com a maior concentração de renda, segundo o gráfico anterior, pertencem às regiões sudoeste, oeste e sul. A seguir, apresentamos os 15 bairros com maior percentual de famílias com renda acima de 20 salários-mínimos.

Tabela 9 Bairros com domicílios acima de 20 salários-mínimos

Bairros	Qtde	Percentual
Vila Mariana	24.281	56%
Perdizes	20.441	57%
Jardim Paulista	20.278	62%
Saúde	19.251	48%
Moema	17.679	67%
Itaim Bibi	17.243	58%
Jabaquara	14.413	23%
Santana	14.410	40%
Pinheiros	12.894	55%
Consolação	10.920	50%
Tatuapé	10.411	40%
Sacomã	9.781	15%
Vila Sônia	8.679	35%
Santa Cecília	8.667	33%
Alto de Pinheiros	8.208	59%

Fonte: IBGE – Censo 2000.

No gráfico a seguir pode-se notar claramente qual foi o destino do montante gasto pelo mercado imobiliário nos últimos 10 anos. Mais uma vez, os distritos das zonas Oeste e Sul (Pinheiros, Vila Mariana, Lapa, Santo Amaro, Campo Limpo e Butantã) foram os que detiveram os lançamentos imobiliários verticais mais caros, a saber:

Quadro 11   *Valor geral de vendas de lançamentos residenciais verticais por distritos: 2000 – 2007 (milhão de reais)*

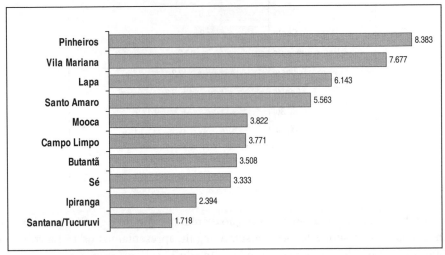

Fonte: Embraesp; Sempla/Dipro.

Estreitando ainda mais os dados, seguem os bairros com as edificações verticais mais caras:

Quadro 12 *Bairros com as edificações verticais mais caras*

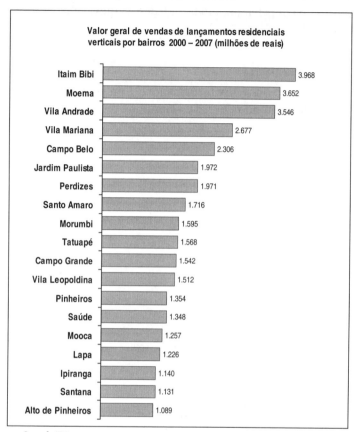

Fonte: Embraesp; Sempla/Dipro.

Mais uma vez os bairros em evidência concentram-se nas zonas Oeste e Sul. Há outros bairros com valores semelhantes. Entretanto, a quantidade de edificações nas zonas citadas focam melhor um mercado potencial para as classes sociais mais altas.

Segundo o SINHORES (Sindicado de Hotéis, Restaurantes, Bares e Similares de São Paulo), São Paulo possui 38% das 100 maiores empresas privadas de capital nacional; 63% dos grupos internacionais instalados no Brasil; 17 dos 20 maiores bancos; 8 das 10 maiores corretoras de valores; 31 das 50 maiores seguradoras, aproximadamente 100 das 200 empresas de tecnologias; a maior Bolsa de Valores da América do Sul (BOVESPA); a sexta maior Bolsa de Mercadoria e Futuros (BM&F) do mundo em volume de negócios; o maior e mais renomado complexo hospitalar da América Latina (Hospital das Clínicas); o maior shopping center da América Latina (Centro Comercial Aricanduva, com 500 lojas); 43 editoras filiadas à Associação Nacional de Editores de Revistas (de um total de 59 editoras); 6 dos 7 portais de Internet mais conhecidos, 1.769 estabelecimentos de saúde, 40 hospitais públicos, 61 hospitais particulares, 24.957 leitos hospitalares, 99 bases móveis da Polícia Militar, 93 distritos policiais, 4 postos do Poupatempo, 146 faculdades, 26 universidades, e 22 Centros de Educação Tecnológicas.

2.1.3 Forças sociais

A população brasileira possui aproximadamente 192 milhões de habitantes, e a região da Grande São Paulo, incluindo Osasco e Guarulhos, responde por 8% deste total.

Quadro 13   *População brasileira*

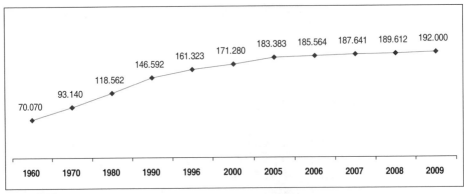

Fonte: IBGE.

Segundo o IBGE, com base no estudo "Síntese de Indicadores Sociais", daqui a 20 anos o Brasil deverá ter 237,7 milhões de habitantes, e 40% da população estará no grupo de idade entre 30 e 60 anos. Em 2002, havia 95,2 homens para cada 100 mulheres no Brasil, e na região metropolitana do Rio de Janeiro encontrou-se a média mais baixa: 87 homens para cada 100 mulheres.

Em relação à idade média do brasileiro, o quadro a seguir destaca a distribuição da população brasileira em comparação à Região Sudeste.

Apêndice – Exemplo de Plano de Marketing 95

Quadro 14   *Distribuição da população brasileira em comparação à Região Sudeste*

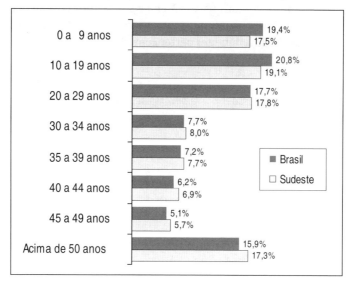

Fonte: IBGE.

No gráfico a seguir destacam-se algumas diferenças quando comparamos os dados do Brasil com a cidade de São Paulo, e depois, mais precisamente, os bairros mais ricos da cidade. Como esperado, as maiores rendas concentram-se na população acima de 35 anos.

Quadro 15   *Distribuição por faixa etária*

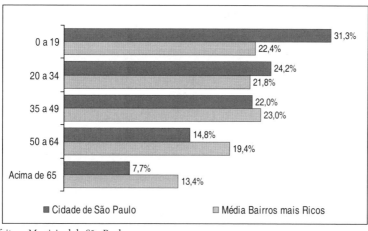

Fonte: Prefeitura Municipal de São Paulo.

O tamanho médio da família brasileira está em 3,2 membros; na Região Sudeste esta média é um pouco mais baixa (3,1). Se aplicarmos esta média ao número de domicílios de consumidores definidos como ricos (513.930), teremos, apenas na Grande São Paulo, 1.593.183 habitantes pertencentes a domicílios com renda familiar superior a R$ 10.982.

Quadro 16   Número médio de pessoas por família residentes em domicílios particulares

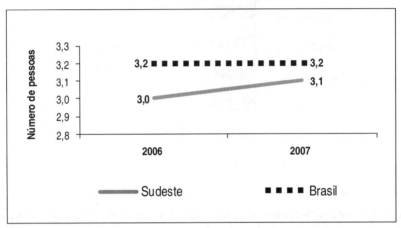

Fonte: IBGE.

As cidades de São Paulo, Guarulhos, São Bernardo do Campo, Santo André e São Caetano, contidas na área metropolitana de São Paulo, respondem atualmente por aproximadamente 14 milhões de habitantes, sendo 47,7% homens e 52,3% mulheres, com crescimento demográfico entre 0,51 (Santo André) e 2,37 (Guarulhos) registrado entre os anos de 2000 e 2009. (IBGE)

Tabela 10   Crescimento demográfico

Regiões	1980/1991	1991/2000	2000/2009
Brasil	1,93	1,63	1,34
Estado de São Paulo	2,13	1,78	1,31
Região Metropolitana de São Paulo	1,88	1,64	1,21
Município de São Paulo	1,16	0,88	0,59

Fonte: IBGE.

Em relação à estratificação social apontada no Brasil, a Região Metropolitana de São Paulo possui os índices mais elevados das classes A e B quando comparadas à média geral brasileira. Portanto, tem maiores oportunidades para a defesa do negócio destacado no plano, como apontado a seguir:

Quadro 17 *Distribuição das classes sociais*

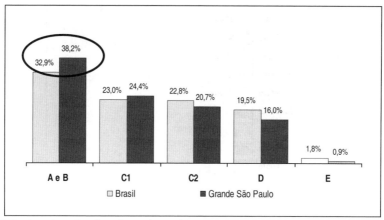

Fonte: ABEP – Associação Brasileira das Empresas de Pesquisa – 2009.

Considerando-se apenas a cidade de São Paulo na análise, o que se pode concluir é que, nas regiões onde a população paulista mais cresce, a renda da população que lá habita é a menor, como destacado a seguir:

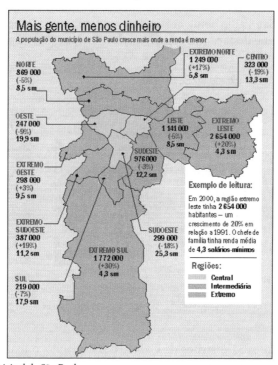

Fonte: Prefeitura Municipal de São Paulo.

Figura 1 *Mais gente, menos dinheiro*

Quadro 18 *População por regiões da cidade de São Paulo*

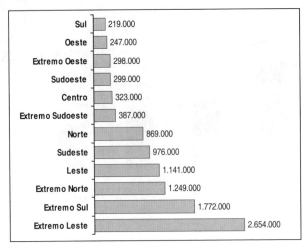

Fonte: IBGE.

Em 2000, a região extremo leste tinha 2.654.000 habitantes – um crescimento de 20% em relação a 1991. O chefe de família tinha renda média de 4,3 salários-mínimos.

A cidade de São Paulo conta atualmente com aproximadamente 11 milhões de habitantes, conforme destacado a seguir:

Quadro 19 *População da cidade de São Paulo*

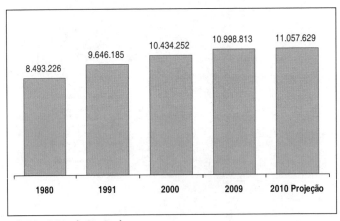

Fonte: Prefeitura do Município de São Paulo.

Considerando os 31 distritos da Cidade de São Paulo, o mais populoso é o da Capela do Socorro, com aproximadamente 680.000, e o menos populoso o de Perus, com cerca de 135.000 habitantes, ou seja, com uma população maior do que muitas cidades do próprio Estado.

Quadro 20 *População da cidade de São Paulo em 2009*

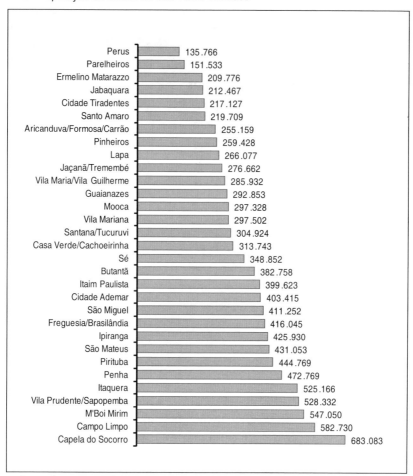

Fonte: Prefeitura do Município de São Paulo.

Quanto ao crescimento populacional, a cidade de São Paulo apresenta um fenômeno bastante similar quando comparado aos principais centros urbanos do planeta. Nas regiões com níveis elevados de educação, cultura e economia, a taxa de crescimento é pequena ou negativa. Já nas regiões menos favorecidas, nos aspectos relatados anteriormente, ocorre o contrário.

Quadro 21 *Taxa de crescimento populacional 2009 versus 2000*

Distrito	Taxa
Parelheiros	3,49
Itaim Paulista	1,19
Butantã	0,15
Santo Amaro	0,06
Penha	-0,07
Jabaquara	-0,08
Ipiranga	-0,09
Lapa	-0,19
Mooca	-0,40
Pinheiros	-0,55
Vila Mariana	-0,56
Vila Maria/Vila Guilherme	-0,69
Sé	-0,77
Santana/Tucuruvi	-0,78

Fonte: Prefeitura do Município de São Paulo.

2.1.4 Forças tecnológicas

A gestão de um negócio de atendimento ao público requer uma organização detalhada e de alta funcionalidade. Para tanto, encontra-se à disposição dos empresários de entretenimento, lazer e gastronomia, uma gama considerável de sistemas, equipamentos e métodos de trabalho que auxiliam em grande parte a operação do negócio.

Os sistemas integrados de gestão e operação são hoje as forças tecnológicas de maior procura. As comandas eletrônicas (computares de mão – *handhelds*), conectadas ao sistema central por sinais de radiofrequência e integrando cozinha, estoque, controle de contas, cardápio, entre outros, apresenta as seguintes vantagens:

- pedidos atendidos com maior rapidez;
- fechamento instantâneo da conta;
- melhor atendimento nos momentos de pico;
- aumento do índice de satisfação dos clientes;
- incremento da produtividade e elevada precisão no atendimento;
- eliminação de desvios, fugas e esquecimentos de produtos;
- redução das perdas por erros de pedidos.

Diante desta realidade, é salutar imaginar que a gestão de negócios relacionados ao entretenimento e gastronomia necessita de sistemas integrados de gestão e operação. Existem vários pacotes à disposição do empresariado brasileiro, com diversas opções de preço e grande amplitude de solução.

Outro ponto de relevante destaque no quesito tecnologia corresponde ao inexorável e sem volta avanço da Internet. Sites de informação devem ser monitorados a fim de tentar controlar o fluxo de informações negativas e, quem sabe, influenciar positivamente quando possível.

A internet está presente na vida das pessoas em vários veículos (computadores, handhelds, celulares, videogames etc). No ranking de 10 países que o IBOPE monitora, o Brasil aparece em primeiro lugar tanto em tempo de navegação quanto em navegação em páginas. O país é seguido pelos Estados Unidos e França, que aparecem em segundo e terceiro lugar, respectivamente, em tempo de navegação. O IBOPE indicou que 62,3 milhões de jovens com 16 anos ou mais, que tenham posse de telefone fixo ou móvel, têm acesso à internet, seja da residência, escola, trabalho, lan house, bibliotecas e telecentros, e gastam em média 45 horas no mês conectados.

Comunidades como o Orkut e Facebook, ferramentas como blogs e Twitter, podem tanto colaborar como atrapalhar em larga escala negócios, serviços e comércio por meio da publicação livre de opiniões, comentários e relatos de experiências de clientes.

Em adição aos livres comentários postados por qualquer pessoa na internet, não podemos deixar de evidenciar que a internet é uma excepcional mídia de veiculação de material publicitário, e também uma vitrine de consultas por interessados em qualquer tipo de negócio, serviços ou comércio.

Outro destaque em relação à tecnologia refere-se à informação digital que estará disponível de forma mais democrática e ampla em qualquer ponto do planeta. Logo deveremos ouvir muito os termos "computação nas Nuvens", *cloud computing* e SaaS – *Software-as-a-Service*. O conceito pressupõe que as informações estarão disponíveis e mais pessoas a elas terão acesso em função da disponibilização de muitos serviços on-line, muitos gratuitamente, que devem baratear o preço dos computadores, inclusive, aumentando a presença on-line de pequenas empresas e fornecedores de serviços.

2.1.5 *Forças ambientais*

O município de São Paulo possui uma área total de 1.509 km^2, e uma densidade demográfica de 7.077,4 habitantes por km^2. Conta com 31 subprefeituras, 96 distritos administrativos e 41 zonas eleitorais.

102 Plano de Marketing

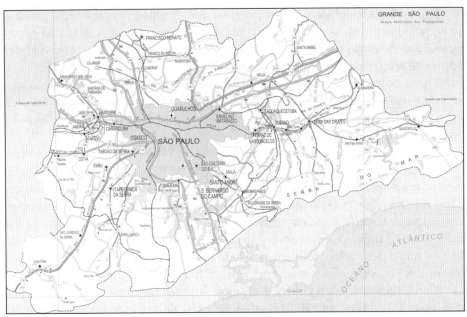

Fonte: Guia Geográfico.

Figura 2 *Município de São Paulo*

O município de São Paulo encontra-se na região sudeste do Estado de São Paulo, e é a cidade com a maior população da América do Sul. A cidade é dividida em 8 distritos e 31 subprefeituras, como destacado a seguir:

Apêndice – Exemplo de Plano de Marketing 103

Fonte: Guia Geográfico.

Figura 3 *Distritos e subprefeituras*

A área urbana da cidade de São Paulo corresponde a 55% do total, como demonstrado pela Tabela 11:

Tabela 11 Área urbana de São Paulo

Área	Km²
Município de São Paulo	1.509,0
Urbana	826,4
Rural	627,0
Represas	55,6

Fonte: Sempla/Deinfo/Cartografia Digital.

A cidade de São Paulo possui mais de 240.000 m² de espaço útil em estruturas construídas especialmente para a realização de feiras e exposições, como o Parque Anhembi, Expo Center Norte, Centro de Convenções Rebouças, ITM Expo e Centro de Convenções Imigrantes, que se somam aos 70.000 m² disponíveis na rede hoteleira e aos espaços destinados a eventos culturais e esportivos, totalizando aproximadamente 430.000 m² de áreas disponíveis para eventos.

A delimitação e a distribuição físico-geográfica da cidade de São Paulo são regulamentadas pela legislação relativa a zoneamento, e reúnem algumas dezenas de atos, decretos-leis, leis e decretos. O enquadramento de áreas urbanas nas diferentes zonas de uso, bem como a definição de seus perímetros, obedeceram aos seguintes critérios:

a. tanto quanto possível, foram respeitadas as situações existentes de uso e ocupação do solo, resultantes da cristalização da tendência ao longo dos anos;
b. as novas situações geradas pela instituição do PDDI-SP (Plano Diretor de Desenvolvimento Integrado do Município de São Paulo) – tais como fixação de diretrizes para vias expressas e para transportes coletivos de massa – orientaram a demarcação de faixas de baixa e alta densidade, e a definição de polos e corredores de atividades;
c. os estudos complementares da malha de vias arteriais dentro de cada bolsão das vias expressas, realizados pela Cogep, delimitaram outras faixas, onde se evitaram as grandes concentrações de atividades;
d. a localização de futuros núcleos de polarização ou expansão dos núcleos existentes lastreou-se nas possibilidades de circulação e transportes, na estimativa dos espaços necessários a cada função urbana e nas tendências identificadas para concentrações comerciais e de serviços;
e. a localização de áreas necessárias à expansão industrial, que consta das diretrizes gerais do PDDI-SP, resultou de um estudo setorial levado a efeito pelo GEP (Grupo Executivo de Planejamento), com a assessoria de consultores especializados;
f. a linha divisória entre os perímetros pertencentes a zonas diferentes coincide, preferencialmente, com elementos físicos preexistentes: cursos de água, vias de circulação, espaços livres e outros. O retalhamento da mesma quadra entre diferentes zonas de uso foi sistematicamente evitado, só ocorrendo em poucos casos;

g. considerou-se que a largura de uma via pública define melhor a separação de zonas – prevenindo recíprocos inconvenientes que resultam de usos diferentes – do que o simples muro divisório entre lotes da mesma quadra. Desse modo, os perímetros das zonas de uso envolvem, quase sempre, as quadras, e constituem, apenas em casos raros, corredores de uso ao longo de determinadas vias de circulação.

Apresentamos a seguir os códigos de zoneamento da cidade de São Paulo, com as respectivas referências:

Z1 – Zonas de uso estritamente residencial e densidade demográfica baixa.
Z2 – Zona de uso predominantemente residencial e densidade demográfica baixa.
Z3 – Zona de uso predominantemente residencial e densidade demográfica média.
Z4 – Zona de uso misto e densidade demográfica média-alta.
Z5 – Zona de uso misto e densidade demográfica alta.
Z6 – Zona de uso predominantemente industrial.
Z7 – Zona de uso predominantemente industrial.
Z8 – Zona de usos especiais.
Z9 – Zona de uso predominantemente residencial.
Z10 – Zona de uso predominantemente residencial e alta densidade.
Z11 – Zona de uso predominantemente residencial e densidade demográfica baixa.
Z12 – Zona de uso predominantemente residencial e densidade demográfica média.
Z13 – Zona de uso predominantemente residencial e densidade demográfica média.
Z14 – Zona de uso predominantemente residencial e densidade demográfica baixa.
Z15 – Zona de uso estritamente residencial e densidade demográfica baixa.
Z16 – Zona de uso coletivo de lazer.
Z17 – Zona de uso predominantemente residencial e densidade demográfica baixa.
Z18 – Zona de uso predominantemente residencial e densidade demográfica baixa.
Z19 – Zona de uso misto com predominância de comércio e serviços.

São Paulo conta por ano, segundo o SINHORES: 5,2 milhões de carros; 21 empresas de radiotáxis; 10 mil ônibus urbanos; 990 linhas de ônibus; 19 terminais de ônibus; 4 linhas de metrô com 57;6 quilômetros e 54 estações; transportando 513 milhões de passageiros; 270 quilômetros de linhas de trem; 91 mil ruas e avenidas; 5.500 semáforos; 1.800 postos de gasolina; 349 mil placas de trânsito; 450 helicópteros (segunda maior frota do mundo); 39 companhias aéreas, 4 aeroportos na grande São Paulo (1 em Campinas e 1 em Guarulhos).

O município de São Paulo está inserido em um área definida como de "terras altas" (entre 720 a 850 m de altura predominantemente), chamado Planalto Atlântico. A topografia deste planalto apresenta as mais variadas feições, tais como planícies aluviais (várzeas), colinas, morros, serras e maciços com as mais variadas orientações. A poucos quilômetros de distância (45 km em média) encontra-se o Oceano Atlântico.

Os principais controles climáticos naturais para a definição dos climas locais e mesoclimas (unidades climáticas naturais) foram o Oceano Atlântico, a altitude e o relevo, com suas diferentes formas e orientações.

Conjugando-se todos esses controles definiram-se cinco climas locais, que foram subdivididos entre meso ou topoclimas, em função das diferentes características topográficas de cada clima local: Tropical Úmido de Altitude no Planalto Atlântico, Tropical Úmido Serrano da Cantareira – Jaraguá, Tropical Úmido de Altitude do Alto Juqueri, Tropical Suboceânico Superúmido do Reverso do Planalto Atlântico e Tropical Oceânico Superúmido da Fachada Oriental do Planalto Atlântico.

O clima da região central urbana possui um núcleo bem definido, comercial – residencial baixo, ao lado do industrial ou via de circulação (marginal). No bairro verde a temperatura da superfície oscila entre 27ºC e 29ºC (setembro) ou de 27ºC a 30ºC (abril).

Quadro 22   *Média de temperatura 2000–2008*

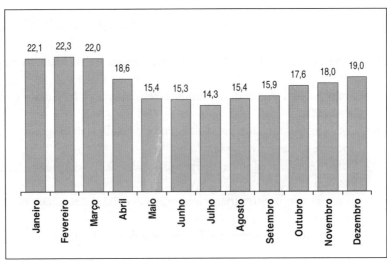

Fonte: Instituto Astronômico e Geofísico – USP.

A expansão urbana para o além Tamanduateí produziu bairros (Mooca, Tatuapé, Água Rasa, Carrão, Vila Formosa, Penha, Vila Matilde) com altíssima densidade de pessoas e porcentagem muito pequena de áreas verdes. A aridez se reflete em temperaturas altas nas superfícies edificadas (30°C a 33°C).

As precipitações pluviométricas se concentram nos meses mais quentes do ano, obtendo a maior média no mês de janeiro e o menor índice no mês de agosto, como apresentado a seguir:

Quadro 23 Precipitação pluviométrica (mm) 2000-2008

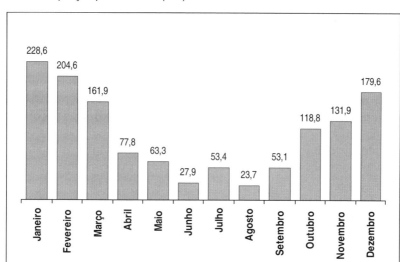

Fonte: Instituto Astronômico e Geofísico – USP.

Como apresentado, a cidade de São Paulo não possui variações significativas de temperatura que justifiquem adaptações ou investimentos elevados em controle de ambientes.

Outro fator que costuma ter impacto negativo na vida dos paulistanos são as constantes inundações em regiões próximas aos rios e córregos que cortam a cidade, nos períodos de maiores chuvas. As inundações ocorrem em função do alto índice de ocupação urbana do solo, que diminui em grande escala a infiltração da água nos lençóis freáticos da cidade.

Este problema está sendo sanado com a construção de reservatórios (piscinões) nos pontos de risco de alagamento e com o alargamento e aumento da profundidade das calhas dos rios Tietê e Pinheiros.

2.1.5 Forças culturais

A cidade de São Paulo tem uma identidade cultural extremamente diversificada, em função das imigrações ocorridas desde o começo do século XIX. Os primeiros registros de imigrantes em São Paulo datam de 1827, quando alemães se fixaram na região de Santo Amaro e Itapecerica da Serra.

Em 1840, ocorreram as primeiras tentativas de se trazer imigrantes com objetivos econômicos. Em um quadro internacional de desenvolvimento do capitalismo, o trabalho escravo não era a forma mais adequada de mão de obra. Para substituir os escravos, o governo português no Brasil teve de investir na vinda de trabalhadores assalariados.

Após a Segunda Guerra Mundial, a região da Grande São Paulo passou a receber vários imigrantes da Europa e Ásia, como italianos, portugueses, espanhóis, japoneses, entre outros. Com esse cenário, podemos concluir que São Paulo possui uma identidade multicultural. É uma cidade que vive em harmonia com os diferentes povos que nela habitam. (fonte: *http://milpovos.prefeitura.sp.gov.br*)

Motivo de orgulho e ao mesmo tempo de discórdia para vários paulistanos (e principalmente não paulistanos), o shopping center é a praia dos moradores da cidade de São Paulo. Teatros, cinemas, atividades culturais e, claro, muitas opções de lazer estão disponíveis à população da cidade de São Paulo.

Segundo a prefeitura, há mais de 80 shopping centers somente na cidade de São Paulo. Abaixo podemos verificar a quantidade de lojas e cinemas apenas dos bairros mais ricos:

Quadro 24   *Equipamentos de shopping centers (2007)*

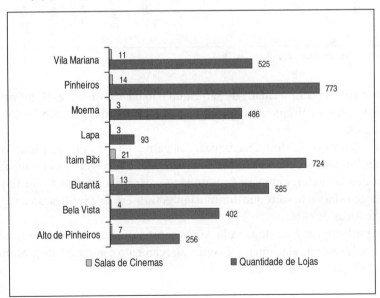

Fonte: Prefeitura do Município de São Paulo.

No aspecto estrutural, São Paulo oferece atualmente uma grande variedade de opções culturais. Possui 235 salas de cinema, 121 teatros, 33 centros culturais e 72 museus. Dentre eles destaca-se o Masp (Museu de Arte de São Paulo), localizado na Avenida Paulista, o coração econômico da cidade.

Com mais de 600 peças realizadas por ano, São Paulo é o maior polo cultural do país. (SPCVB 2005)

Tabela 12   Equipamentos culturais por tipo, segundo subprefeituras e distritos

Subprefeituras e distritos	Salas de cinema	Salas de teatro	Casas de cultura	Centros culturais	museus	Espaços e oficinas culturais
MUNICÍPIO DE SÃO PAULO	235	121	12	33	72	35
Aricanduva	9	–	–	–	–	1
Butantã	12	2	1	–	20	2
Campo Limpo	11	–	–	–	–	–
Casa Verde/Cachoeirinha	–	–	–	–	–	–
Cidade Ademar	–	–	–	–	–	–
Cidade Tiradentes	–	–	–	–	–	–
Ermelino Matarazzo	–	–	–	–	–	–
Freguesia/Brasilândia	–	–	1	–	–	–
Guaianazes	–	–	–	–	–	–
Ipiranga	3	2	1	1	5	–
Itaim Paulista	1	–	1	–	–	–
Itaquera	16	–	1	1	–	1
Jabaquara	–	–	1	–	–	–
Lapa	10	9	1	4	5	2
M'Boi Mirim	4	–	1	1	–	–
Mooca	18	6	–	1	3	1
Parelheiros	–	–	–	–	–	–
Penha	3	3	1	–	1	–
Perus	–	–	–	–	–	–
Pinheiros	40	14	–	8	8	7
Pirituba	–	–	–	–	–	–
Santana/Tucuruvi	1	2	–	–	5	–
Santo Amaro	25	7	1	1	–	3
São Mateus	–	–	–	–	–	–
São Miguel	–	–	1	–	–	1
Sé	52	71	–	12	20	14
Socorro	–	1	1	1	–	–
Tremembé/Jaçanã	–	–	–	–	1	–
Vila Maria/Vila Guilherme	3	–	–	–	–	–
Vila Mariana	17	4	–	3	4	3
Vila Prudente/Sapopemba	10	–	–	–	–	–

Fonte: Fundação Seade. Guia Cultural do Estado de São Paulo.

A exemplo do brasileiro, o paulistano e o paulista da grande São Paulo são um povo alegre, simpático a confraternizações e festas, frequentador assíduo de bares e botecos, em função justamente da socialização que o ambiente oferece.

O paulistano tem a seu favor (ou álibi) o fato de que a cidade é conhecida como a locomotiva econômica do país e, portanto, o local tido por muitos brasileiros como o mais competitivo e o agressivo ambiente de trabalho. Diante do exposto, nada mais natural que a pressão e estresse urbanos sejam contidos na mesa de um bar, na companhia de amigos, "regados" por uma cerveja gelada nos meses mais quentes e por bebidas destiladas nos mais frios.

Segundo a pesquisa da USP (Universidade de São Paulo), do Mestrado de Pós-Graduação Interunidades em Nutrição Humana Aplicada, que envolve a Faculdade de Ciências Farmacêuticas (FCF) e a FEA, os hábitos de consumo alcoólico dos paulistanos podem ser separados de acordo com seu poder aquisitivo. A classe alta sai para tomar uísque e cerveja, enquanto a classe média prefere chop. Já as faixas mais pobres acabam consumindo aguardente, pois é mais barato. Outra constatação é que os mais ricos bebem mais que os outros. Enquanto cada unidade de consumo deste nível compra, em média, 36,79 litros (L) mensalmente, na faixa de menor renda este dado fica em 29,1 L, o segundo maior índice. Entretanto, a saúde dos mais ricos, tanto orgânica quanto financeira, quase não é afetada por este padrão. Eles tomam bebidas de qualidade, são bem nutridos e dispõem dos melhores serviços médicos.

Outro fator de real relevância quanto ao comportamento cultural do brasileiro refere-se ao uso da tecnologia. Um estudo desenvolvido pela London Business School avaliou o grau de conectividade de 25 países do mundo. O estudo dividiu as nações entre emergentes e desenvolvidas. No ranking dos emergentes, a liderança ficou com a Rússia, seguida por Malásia e México. Em quarto lugar aparece o Brasil, à frente da África do Sul, China, Filipinas, Índia e Nigéria.

São Paulo oferece por ano, segundo o SINHORES: 27 eventos culturais, 184 casas noturnas, 75 bibliotecas, 41 áreas de patrimônio, 41 festas populares, 72 shopping centers, 53 parques e áreas verdes, 39 centros culturais, 9 cineclubes e salas especiais de cinema, 7 casas de espetáculos, 7 estádios de futebol, 69 clubes desportivos, 10 ciclovias, 2 iate clubes, 12 clubes de golfe, 1.000 academias de ginástica, 4 parques temáticos, a maior Parada do Orgulho GLBT do mundo, a Corrida de São Silvestre, que atrai em média 15 mil corredores de cerca de 20 países e um autódromo, onde se realiza o Grande Prêmio Brasil de Fórmula 1.

2.2 Microambiente de marketing

2.2.1 *Fornecedores*

Os principais fornecedores de bebida, comida, material de limpeza, e acessórios para bares noturnos são os atacadistas. Atacadistas são empresas que vendem bens ou serviços comprados para revenda ou uso empresarial. Estes intermediários aumentam a conveniência de compra para os empresários, pois compram os bens em quantidades maiores (granel) e a preços mais acessíveis do que quando comprados de forma unitária.

No Brasil existem cerca de 4.500 empresas atacadistas. Somente a Grande São Paulo responde por aproximadamente 50% desta oferta (Associação Brasileira de Atacadistas e Distribuidores – Abad). Atualmente existem vários formatos de atacado no Brasil, classificados de acordo com a sua forma principal de atendimento aos clientes: atacadista distribuidor, distribuidor exclusivo, distribuidor especializado por categoria (DEC), atacadista de balcão, e atacado de autosserviço. Outros mais recentes já vão se firmando no mercado, como o operador logístico ou *broker*.

- **Formatos em atuação no Brasil atualmente**

Atacado: agente de distribuição que compra e vende produtos de fornecedores da indústria, com os quais não possui vínculo (formal ou informal) de exclusividade de produtos e/ou de território.

Distribuidor: agente de distribuição que compra e vende produtos de fornecedores da indústria, com os quais possui vínculo de exclusividade de produtos e/ou de território.

Obs.: no mercado brasileiro há diversas empresas que atuam como atacadistas para um determinado grupo de fornecedores e, ao mesmo tempo, como distribuidores para um outro grupo de fornecedores. Essas empresas devem ser caracterizadas como atacadistas e distribuidores.

Operador de vendas: agente de distribuição que desempenha as funções de vendas, trabalho no ponto de venda, cobrança e pós-vendas, pelas quais recebe sua remuneração.

Operador logístico: agente de distribuição que desempenha as funções de armazenagem e distribuição física, pelas quais recebe sua remuneração.

Operador de compras: agente de distribuição que desempenha a função de negociação com fornecedores para outras empresas, pela qual recebe sua remuneração.

Obs.: em geral, a indústria remunera os operadores de vendas por meio de um percentual estipulado sobre o faturamento. Já a remuneração de operadores logísticos pode se dar por uma série de formas: por atividade (*pallet*, *picking*), por unidade, porcentagem sobre o valor do faturamento, valor fixo/tonelada, porcentagem sobre o custo da operação, e outros.

Em relação aos fornecedores de maquinário, móveis e tecnologia, o setor de bares e restaurantes possui várias empresas especializadas. Todavia, a fim de melhor diferenciar a oferta de marketing, é recomendável que na abertura de qualquer bar ou restaurante se contrate um profissional especializado em decoração e arquitetura, para evitar soluções padronizadas de móveis e decoração ao público.

2.2.2 *Concorrência*

Em linhas gerais, os principais concorrentes do negócio destacado no plano referem-se primeiramente aos mais diversos tipos e categorias de bares espalhados pela cidade de São Paulo e, em segundo plano, às casas noturnas.

Em relação aos bares disponíveis na cidade de São Paulo, podemos dividir as seguintes categorias:

- boteco – mais voltado para *happy-hours* e bate-papo entre amigos. Normalmente são mais populares e rústicos, com preços mais acessíveis. O atendimento não é a prioridade deste tipo de bar, que se destaca por um atendimento mais informal. A música não é tão alta e são comuns apresentações solo de artistas com apenas um violão. Atrai um público mais maduro (acima de 30 anos);
- paquera – são os tidos como "da moda". Atraem um público mais jovem (16 a 23 anos). Primam por um ambiente mais requintado e moderno. Bebidas exóticas são oferecidas e a música é bastante alta;
- para comemorações – são bares com pouca diferenciação, mas, ao mesmo tempo, oferecem um pouco de tudo das demais categorias. Configuram-se "ao gosto do freguês", ou seja, para cada tipo de festa há um tipo de oferta. Podem ter música ao vivo, "open bar", jantar, entre outros. Atingem todas as faixas etárias;
- dançante – como o próprio nome sugere, este tipo de bar apresenta mesinhas pequenas, para apoio às bebidas e pertences pessoais, e eventual descanso. Todavia, o principal enfoque é justamente a possibilidade de dançar, ora acompanhado, ora sozinho. Alguns tipos comuns são os de ritmo latino (salsa, merengue etc.), samba ou pagode, danças de salão, entre outros. Este tipo de bar é o que mais se assemelha às casas noturnas. A diferenciação é muito sutil e se dá pelo maior enfoque do atendimento às mesas do que na pista de dança. Tem como público-alvo jovens de 25 a 35 anos;
- casais – são bares menores e muito mais intimistas que os até aqui destacados. Possuem um ambiente mais escuro e música mais baixa e relaxante. Podem ter música ao vivo, embalada por piano ou violão. Primam normalmente por uma boa oferta de vinhos e atraem um público-alvo mais amplo, entre 20 e 40 anos;
- GLS – a sigla GLS significa gays, lésbicas e simpatizantes. São bares de paquera e diversão ao público homossexual. Normalmente são também dançantes, sofisticados e atraem igualmente um público mais amplo, entre 20 e 40 anos;
- tradicionais – assemelham-se aos botecos, mas têm maior longevidade e clientela mais cativa. Mantêm as mesmas características e enfoque por décadas e, portanto, atraem uma clientela mais madura, por volta dos 35/45 anos.

Já em relação às casas noturnas, o principal diferencial entre os barzinhos é que o espaço dedicado às pistas é maior, se comparado às eventuais mesas que podem ser oferecidas. O atendimento tende a ser ruim e o autoatendimento direto ao barmen tende a ser um processo lento e irritante. Isto corre em função da alta concentração de pessoas junto aos balcões, ora solicitando suas bebidas, ora utilizando o balcão como suporte.

As principais modalidades de casa noturna são:

- axé;
- pagode;

- samba;
- sertanejo;
- black music;
- comercial (fm's);
- country;
- disco;
- eletrônica;
- forró;
- rock;
- variada.

Existem, na cidade de São Paulo, diversas opções de entretenimento: desde casas noturnas, onde o público jovem se encontra para dançar, até a mais vasta opção culinária do país. Só na categoria restaurantes existem 12.500 estabelecimentos, divididos entre pizzarias, churrascarias, cozinha internacional, entre outras. A culinária japonesa se destaca pelo maior crescimento nos últimos 15 anos (da ordem de 650%), alcançando um número superior ao de churrascarias (600 *versus* 500 – *Veja São Paulo*).

Existem, ao todo, 75.000 bares espalhados na cidade de São Paulo, abrangendo todas as categorias. Em relação a bares mais sofisticados e de funcionamento mais noturno, a cidade apresenta cerca de 600 opções, e vem crescendo a participação deste tipo de estabelecimento.

Quadro 25   *Quantidade de estabelecimentos*

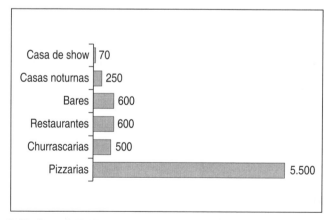

Fonte: Sinhores-SP (Sindicato de Hotéis, Restaurantes, Bares e Similares de São Paulo).

As casas noturnas, que tinham concentração maior na cidade 10 anos atrás, apresentam hoje uma participação moderada no entretenimento noturno da cidade, e vários estabelecimentos de destaque tiveram suas atividades encerradas, principalmente pela baixa rentabilidade em virtude dos altos custos de manutenção.

Já as casas de show e churrascarias mantêm participação modesta nos últimos anos, mas sem muitas oscilações.

Em função da alta distribuição e ocupação da cidade de São Paulo, a geografia dos bares se mostra bastante pulverizada. Destacam-se, todavia, os bairros Itaim, Vila Madalena, Pinheiros, Moema, e mais recentemente a Vila Olímpia.

Quadro 26   *Quantidade de bares por bairros – São Paulo*

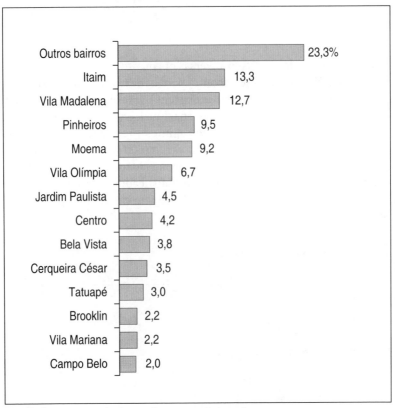

Fonte: Adaptado dos sites *www.obaoba.com.br* e *www.guiasp.com.br*.

2.2.3 *Clientes*

Os possíveis clientes do tipo de negócio a ser destacado no plano correspondem primariamente a paulistanos, da classe social A1, entre 30 e 50 anos. Este público-alvo não tem muitas opções de lazer na cidade, como demonstrado no quadro de forças ambientais – menos de 6% dos bares de São Paulo são considerados exclusivos a esta categoria, e 88% dos entrevistados consideram que existem poucas opções na cidade para entretenimento requintado (Anexo).

Outra questão a ser considerada é que pessoas nesta faixa etária (acima de 30 anos) possuem uma renda individual muito superior às classes mais jovens, mas, ao que parece, os investidores em entretenimento ainda não despertaram para esta realidade, e não estão aproveitando seu potencial de consumo.

O montante que o setor destacado acima gasta em entretenimento já foi demonstrado no quadro econômico. As razões pelas quais o gasto é pequeno nesta área mereceram um estudo específico para entender as causas e, ao mesmo tempo, oferecer um tipo de serviço que pudesse salientar fatores importantes ao público-alvo em destaque.

Em relação à faixa etária que frequenta bares noturnos em São Paulo, verificou-se que apenas 1,4% dos bares é destinado a pessoas acima de 35 anos, como demonstrado no gráfico abaixo:

Quadro 27 *Bares por faixa etária*

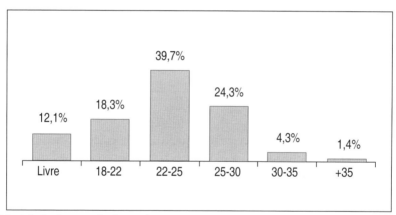

Fonte: Adaptado do site *www.obaoba.com.br*.

A pesquisa realizada para o trabalho (Anexo) demonstra que a maioria dos frequentadores de bares das classes sociais A1 e A2 têm entre 30 e 45 anos. O Entretenimento – classes A1/A2 público-alvo da pesquisa exige um tratamento diferenciado no momento em que se decide pela ida a um bar, e o valor gasto não é tão relevante quando comparado a fatores como ambiente, conforto e, principalmente, nível de atendimento.

Quadro 28 *Razões de escolha de um bar*

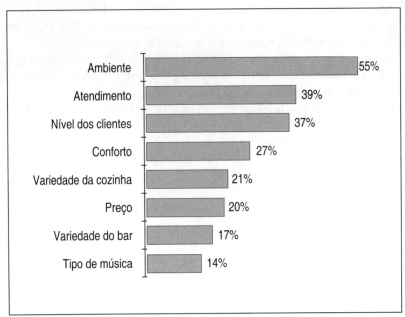

Fonte: Pesquisa Bares São Paulo (Anexo).

O público-alvo em destaque exige tratamento diferenciado, e por isso alguns cuidados nos quesitos relacionados ao atendimento devem ser considerados. Este público não gosta de se sentir enganado e considera um imenso desrespeito as longas filas, o excesso de pessoas e porções e doses consideradas não condizentes com o preço pago.

Quadro 29 *Itens negativos apontados pelo público-alvo*

Fonte: Pesquisa Bares São Paulo (Anexo).

Existe uma tendência dos clientes irem aos bares acompanhados de amigos, e quase 1/3 dos clientes frequenta bares pelo menos uma vez ao mês. A maioria é casada, e a proporção de homens em relação a mulheres é ligeiramente maior (Anexo).

2.3 Matriz BCG

Quadro 30   *Entretenimento – Classes A1/A2*

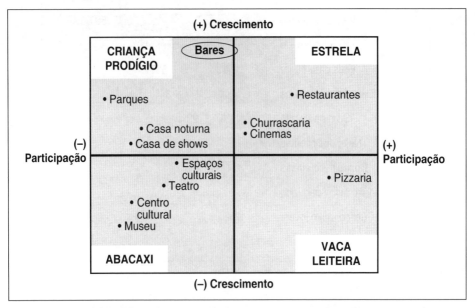

Como se pode notar, os bares na matriz BCG são o tipo de entretenimento que mais cresce dentro do mercado das classes A1 e A2, encontrando-se no quadrante criança prodígio (com espaço para ganhar mais participação de mercado). As opções de entretenimento aliadas à cultura (Museus, Centro de Cultura, Teatros, Oficinas e Espaços Culturais) têm pouca variedade na cidade de São Paulo, portanto, os bares podem ocupar este tipo de atributo caso escolham esta opção em seu posicionamento de mercado.

Considerando-se a matriz BCG, o negócio de bares na cidade de São Paulo é o conceito mais vantajoso sob o ponto de vista mercadológico para os próximos anos.

3. ANÁLISE SWOT
Bar TANGERINE

3.1 Pontos fortes
- ambiente requintado, agradável e de elevado nível;
- alto conforto físico (mesas e cadeiras anatômicas, com encostos e bases almofadadas e bom espaço de circulação entre as mesas);
- controle de ocupação (não há risco de excesso de pessoas);
- variedade e qualidade de pratos e porções;

- variedade e qualidade de bebidas;
- doses de bebidas e porções de refeição abundantes;
- ótima localização;
- preços justos;
- serviço e atendimento excepcional e personalizado;
- música ao vivo de alta qualidade;
- sistema de reserva de mesas;
- isenção de filas em qualquer ambiente (inclusive na entrada);
- controle de luz e som de última geração;
- alta segurança;
- serviço eficaz de manobristas;

3.2 Pontos fracos
- alto custo de manutenção;
- necessidade de mão de obra extensa e especializada;
- operação complexa;
- marca desconhecida no mercado;
- alto capital de giro para manutenção do negócio;
- alto investimento;

3.3 Oportunidades
- Elevado interesse da prefeitura no desenvolvimento de serviços e comércio na cidade de São Paulo;
- menor burocracia na abertura de novos negócios;
- concentração de clientes de alto poder aquisitivo nas regiões sul e oeste da cidade de São Paulo;
- menor burocracia e mais fácil controle do pagamento de tributos e impostos em função do critério simples de tributação;
- aumento do PIB brasileiro e estabilidade econômica do país.
- aumento de consumidores de alto poder aquisitivo na faixa entre 30 e 50 anos.
- taxa de juros estabilizada;
- alto índice de domicílios com rendas elevadas nas regiões de atuação;
- maior penetração de bens de consumo em São Paulo quando comparado com a média brasileira;
- inflação e preços controlados;
- alto índice da destinação da renda da classe A1 na grande São Paulo por recreação e cultura;
- subprefeituras e bairros com alta concentração de domicílios acima de 20 salários-mínimos próximas do endereço definido para o negócio;
- crescimento significativo de ocupações de alto luxo nos bairros próximos ao endereço definido para o negócio;

- paulista e paulistano suscetíveis a frequentes confraternizações;
- brasileiro é entusiasta pelo uso de qualquer tipo de nova tecnologia;
- público-alvo em destaque consome bebidas mais sofisticadas e, portanto, mais caras;
- público-alvo mais propenso à compra e utilização de novas tecnologias;
- ampla oferta de fornecedores de insumos de qualidade na cidade de São Paulo;
- pouca oferta de entretenimento para o público-alvo escolhido, tanto em termos econômicos como de faixa etária;
- poucas opções de bares requintados;
- clientela de elevado nível educacional e econômico das proximidades;
- poucos bares com enfoque no atendimento e cuidado para com o público-alvo em questão.

3.4 Ameaças

- Lei cidade limpa: Requer cuidados especiais na fachada e comunicação do ponto de venda;
- Lei Psiu: Necessário revestimento acústico a fim de não infringir as leis que controlam e fiscalizam a quantidade de decibéis emitidos pelos bares;
- Lei antifumo: Proibição do ato de fumar em ambientes fechados;
- menor população e crescimento demográfico nas regiões dos clientes em potencial;
- ampla concorrência indireta, com poder de diversificação de investimento;
- bar pode ser direcionado para solteiros e com isto atender a um mercado de menor representatividade;
- atrair garotos/as de programa em função da renda média da clientela;
- relevante sazonalidade em função da variação climática e índices pluviométricos da cidade de São Paulo;
- necessidade de altos gastos iniciais em comunicação.

3.5 Análise da concorrência

Bar: Bom Bom Estrite

Pontos fortes
- ambiente requintado, agradável e de elevado nível;
- variedade e qualidade de pratos e porções;
- variedade e qualidade de bebidas;
- ótima localização;
- música ao vivo de alta qualidade;
- clientela de elevado nível educacional e econômico;
- sistema de reserva de mesas;
- controle de luz e som de última geração;
- marca de relevante destaque no mercado.

Pontos fracos

- baixo conforto físico (mesas e cadeiras muito próximas);
- serviço e atendimento precários;
- preço acima do esperado;
- baixo controle de ocupação (excesso de pessoas);
- necessidade de extensa e alta mão de obra especializada – operação complexa;
- filas para entrar e pagar a conta;
- alto capital de giro para manutenção do negócio.

Bar: Charlie Eduardo

Pontos fortes

- ambiente agradável;
- boa variedade de pratos e porções;
- boa variedade de bebidas;
- ótima localização;
- música ao vivo de alta qualidade;
- bar tradicional.

Pontos fracos

- atendimento precário;
- baixo conforto físico (mesas e cadeiras muito próximas);
- baixo controle de ocupação (excesso de pessoas);
- filas para entrar e pagar a conta;
- decoração um tanto convencional.

Bar: Clube Habana

Pontos fortes

- ambiente requintado.
- boa variedade de pratos e porções.
- boa variedade de bebidas;
- ótima localização;
- música ao vivo de alta qualidade;
- facilidade de estacionamento;
- bom atendimento;
- bom conforto físico.

Pontos fracos

- decoração um pouco convencional;
- preço acima da expectativa.

Bar: Buggie

Pontos fortes

- ambiente agradável;

- ótima localização;
- boa seleção musical – pop e rock anos 70, 80 e 90;
- bastante espaçoso – vários ambientes – boa pista de dança.

Pontos fracos
- atendimento precário;
- baixo conforto físico (mesas e cadeiras muito próximas);
- baixo controle de ocupação (excesso de pessoas);
- filas extensas para entrar e pagar a conta;
- nenhum controle de ocupação – casa sempre lotada acima da capacidade;
- pouca oferta de bebidas e porções;
- ausência de música ao vivo;
- público muito jovem;
- dificuldades para estacionar.

Bar: Bar de Artez

Pontos fortes
- ambiente extremamente agradável;
- excepcional variedade de pratos e porções;
- excepcional variedade de bebidas – ótima carta de vinhos;
- boa localização;
- clientela de elevado nível educacional e econômico;
- bom atendimento;
- facilidade para estacionar;
- alto conforto físico (mesas e cadeiras anatômicas com encosto e bases almofadadas; bom espaço de circulação entre as mesas);
- preços justos.

Pontos fracos
- ausência de música ao vivo;
- ausência de pista de dança.

Bar: Dã-Berlin

Pontos fortes
- boa decoração;
- música ao vivo de qualidade;
- boa variedade de bebidas;
- boa localização.

Pontos fracos
- baixo conforto físico (mesas e cadeiras muito próximas);
- pouco espaço interno;
- dificuldade de estacionamento;

- atendimento precário;
- filas extensas para pagar.

Quadro 31   X Chart

	Tangerine	Bom Bom Estrite	Charlie Eduardo	Clube Habana	Buggie	Bar de Artez	Dã-Berlin
Atendimento	Ótimo	Razoável	Bom	Bom	Ruim	Ótimo	Ruim
Ambiente Agradável	X					X	
Qualidade e Variedade dos Pratos	X			X		X	
Qualidade e Variedade e das Bebidas	X			X		X	
Boa Localização	X		X			X	
Estrutura Tecnológica	X	X	X	X	X	X	X
Conforto Físico	Alto	Médio	Baixo	Médio	Baixo	Alto	Baixo
Preços Justos	X						
Controle de Ocupação	X					X	
Qualidade e Variedade da Música ao Vivo	X	X		X			X
Segurança do Local	X	X	X	X		X	
Conveniência para Estacionar	X	X				X	
Espaço Interno	X					X	

3.6 Seleção de mercado-alvo

No quadrante de seleção de mercado, podemos notar que o Bar Tangerine irá se posicionar como o de melhor atendimento e ambiente agradável entre os competidores diretos comparando-se apenas ao Bar de Artez.

Quadro 32   Atendimento

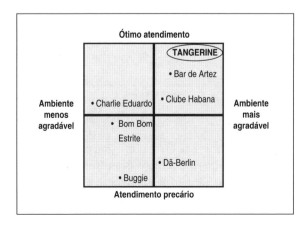

Nos quesitos conforto (espaço do local, isenção de filas, cadeiras, mesas etc.) e maior variedade de cardápio (opções de comidas, porções e bebidas), o Bar Tangerine encontra-se na posição de maior conforto entre os competidores diretos e os líderes.

Quadro 33   *Conforto*

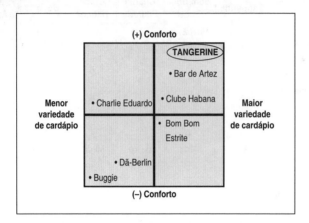

Finalmente, o Bar Tangerine se destaca de todos os concorrentes diretos ao oferecer os preços mais justos e alta opção musical aos clientes.

Quadro 34   *Preços*

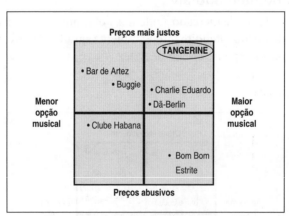

Analisando os três quadrantes de forma integral, podemos concluir que os principais concorrentes do Bar Tangerine serão o Bom Bom Estrite e o Bar de Artez.

Todavia, o destaque do Bar Tangerine em relação a esses concorrentes será oferecer um excepcional atendimento, atrelado ao bom ambiente da casa, ao preço justo e ao conforto físico e mental aos clientes, com a opção de música ao vivo de qualidade.

Diferenciais mais relevantes: Atendimento, Ambiente, Conforto e Preços mais justos.

Posicionamento: Melhor Ambiente de São Paulo, aliado ao extremo cuidado no atendimento.

4. ESTRATÉGIA DE MARKETING

4.1 Produto

O Bar Tangerine terá qualidade premium em música ao vivo, entretenimento, apreciação culinária e etílica.

Estará localizado no bairro Itaim, em São Paulo, e terá frequentadores mais maduros, entre 30 e 50 anos, pertencentes à classe social A1.

Funcionará de terça a domingo das 17:00hs às 4:00hs.

O nome escolhido é de fácil pronúncia, tem boa sonoridade em função da similaridade com o termo equivalente em português, não é palavra composta e transmite originalidade quando comparado ao nome de outros bares na cidade de São Paulo, além de ser uma música Lado B (pouco comercial) da banda inglesa Led Zeppelin facilmente reconhecida pelo público-alvo.

Terá área útil total de aproximadamente 700m², divididos da seguinte forma:

- 70 m² de cozinha;
- 100 m² de bares (5 bares de 20 m² em média);
- 30 m² de pista de dança;
- 200 m² de espaço para mesas e cadeiras (50 mesas e 200 cadeiras – 4 m² por grupo de 1 mesa e 4 cadeiras);
- 30 m² de palco para shows;
- 60 m² de banheiros (4 banheiros);
- 15 m² de camarins para músicos;
- 15 m² de escritório;
- 10 m² de caixas;
- 20 m² de recepção;
- 50 m² para balcão de bar, apoiadores e corredor;
- 50 m² de área de estoque;
- 50 m² de área de espera de mesas e de descontração.

As mesas e cadeiras possuirão um design que favorece a ergonomia e estilo diferenciado. As cadeiras terão encostos e bases acolchoados.

A decoração seguirá as mais modernas tendências, beneficiando a praticidade e a funcionalidade, combinadas com um ambiente limpo e arejado. As mesas e bares terão iluminação reduzida, criando-se um clima mais intimista e aconchegante. As demais luzes acompanharão e integrarão a tendência seguida pela linha da decoração.

O palco receberá um conjunto de iluminação diferenciada e se posicionará em um nível mais alto, favorecendo sua visão na maioria dos pontos do bar. Um conjunto de áudio de última geração será instalado de forma integrada ao ambiente, de modo que caixas e equipamentos de som não apareçam. Dois telões serão instalados em pontos estratégicos e ligados a um projetor de vídeo de alta resolução.

Chefs premiados oferecerão originalidade, criatividade e qualidade, tanto nos petiscos mais triviais quanto nos pratos mais elaborados e sofisticados. Cinco bares estrategicamente distribuídos servirão, com rapidez e precisão, desde os drinks mais tradicionais até os exclusivos combinados etílicos de distinto destaque e sofisticação.

O bar contará com música ao vivo, tocada por bandas de destaque na noite paulistana.

Os gêneros musicais variarão dentro das seguintes categorias:

- rock anos 60, 70 e 80;
- música popular brasileira;
- pop;
- r&b (black music);
- rock nacional.

A limpeza de todos os ambientes será primorosa, a começar pelos banheiros, que terão sempre funcionários cuidando não apenas da limpeza, como também da organização e controle dos odores.

4.2 Preço

Entre os competidores diretos existe grande variedade de opções de preços. Com exceção do Bom Bom Estrite (que possui os preços mais altos), os demais bares têm como média os seguintes preços:

Entrada/Couvert – R$ 20,00 a R$ 40,00.
Consumação Mínima – R$ 20,00 a R$ 50,00.

O Bar Tangerine cobrará o couvert fixo de R$ 20,00, sem consumação mínima.

O ticket médio por cliente será de R$ 90,00 no primeiro ano, R$ 110,00 no segundo, e R$ 140,00 no terceiro.

4.3 Ponto de venda

O bairro escolhido para o Bar Tangerine será o Itaim, na Zona Oeste, pelas seguintes razões:

- localização geográfica privilegiada (fica próximo aos bairros com clientela de maior potencial de consumo);
- é o sexto bairro em maior concentração de famílias com renda acima de 20 salários-mínimos, e fica próximo a outros quatro dos mais ricos;
- é o bairro com a mais alta concentração de bares em São Paulo;
- é a região com o maior índice de zoneamento Z4 e Z5 (zonas de uso misto, de densidade demográfica média-alta e alta);

- possui uma privilegiada malha viária, que permite o acesso ao bairro com maior rapidez e segurança;
- as ruas são mais amplas quando comparadas aos outros bairros de alta concentração de bares, e, portanto, de trânsito mais bem controlado, o que facilita o estacionamento e diminui o estresse para a locomoção ao local.
- preço do aluguel com boa relação custo/benefício.

4.4 Promoção

O orçamento de comunicação será investido da seguinte forma:

Tabela 13   Orçamento de comunicação

Promoção de vendas	Propaganda	Relações públicas	Venda pessoal	Marketing direto	Eventos
10%	50%	20%	–	15%	5%

4.4.1 *Promoção de vendas*

- distribuição de *flyers* (folhetos) nos faróis próximos ao Itaim para carros novos e seminovos, de pessoas na faixa etária acima dos 30 anos;
- distribuição de *flyers* em locais de circulação do público-alvo;
- brindes de inauguração.

4.4.2 Propaganda

Os veículos de comunicação escolhidos detêm a preferência dos consumidores das classes A1 e A2 na faixa etária dos 30 aos 50 anos.

- Anúncio nas seguintes revistas:
  - *Veja São Paulo, Casa Cláudia, VIP, Bravo!, Piauí*
- Spots nas seguintes rádio:
  - Eldorado – ao longo da programação;
  - Kiss FM – Concentração no programa Kiss Classic Rock;
  - Nova Brasil FM – ao longo da programação.
- Anúncios nos seguintes canais de TV a cabo:
  - Sony.
- Anúncios nos seguintes cinemas:
  - Espaço Unibanco de Cinema;
  - HSBC Belas Artes.
- Anúncios em *outdoors* nos seguintes pontos:
  - Entrada e Saída da via de acesso ao aeroporto de Guarulhos.
- Site na internet de caráter institucional.

4.4.3 Relações públicas
- Kit de imprensa para os principais jornais e revistas regionais;
- Noite de lançamento para a imprensa.

4.4.4 Venda pessoal
Nenhuma atividade planejada.

4.4.5 Marketing direto
- Mala direta utilizando o seguinte *mailing*:
Cadastro da Editora Abril – Datalistas – Perfil "Lares Super Premium".

4.4.6 Eventos
Festa de Inauguração com a presença de convidados ilustres, autoridades e clientes de destacado potencial.

5. METAS E OBJETIVOS

Se considerarmos que, para o nosso tipo de negócio, a idade-alvo se encontra na faixa entre 35 e 49 anos (23% da população), e que na Grande São Paulo existem 1.593.183 consumidores pertencentes aos domicílios com renda familiar superior a R$ 10.982,00 – conforme já destacado nas forças econômicas –, podemos concluir que o mercado potencial de entretenimento para a classe A1 na Grande São Paulo corresponde a aproximadamente 366.000 consumidores.

Tabela 14 *Domicílios com renda superior a R$ 10.982/mês.*

São Paulo	443.462
São Bernardo do Campo	23.394
Santo André	20.475
Guarulhos	17.094
São Caetano do Sul	9.505
Total	**513.930**

Quadro 35 *Faixa etária – Bairros mais ricos da cidade de São Paulo*

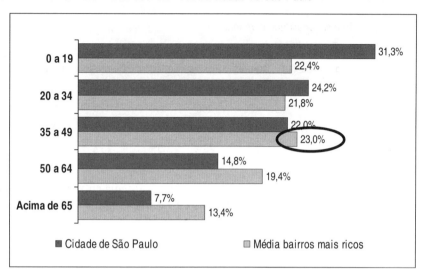

Assumindo que a grande maioria (88%) dos consumidores entrevistados declarou que a cidade de São Paulo não possui muitas opções de entretenimento, e considerando-se um mercado potencial de aproximadamente 366.000 consumidores, e, ainda, que 1/3 dos entrevistados declarou que costuma frequentar bares em média uma vez ao mês, não fica difícil imaginar o quanto a demanda é maior que a oferta nesse mercado. Existem, ao todo, apenas 600 bares que atendem a todas as classes sociais e necessidades na cidade de São Paulo.

Estamos considerando um aumento no mercado total da ordem de 5% ao ano.

Ano 1	Ano 2	Ano 3
366.000	384.300	403.515

Em relação ao público-alvo em destaque, o plano espera atingir no primeiro ano apenas 1,0% (2º ano – 1,2% e 3º ano – 1,5%) do mercado potencial (366.000 consumidores), e atingir um máximo de 6.053 clientes mensais a partir do 3º ano. A casa terá capacidade para 500 clientes. O objetivo no primeiro ano é ter ocupação média de 150 clientes por noite, ou 3.660 por mês, como destacado a seguir:

Tabela 15 *Demanda prevista*

	Semanal	Mensal	Anual
1º Ano	915	3.660	43.920
2º Ano	1.153	4.612	55.339
3º Ano	1.513	6.053	72.633

A ocupação será distribuída conforme a sazonalidade semanal destacada a seguir:

Tabela 16 Ocupação e sazonalidade semanal

	Terças	Quartas	Quintas	Sextas	Sábados	Domingos	Média	Total/Semana
1º Ano	73	92	110	229	275	137	153	915
2º Ano	92	115	138	288	346	173	192	1.153
3º Ano	121	151	182	378	454	227	252	1.513
Sazonalidade	8%	10%	12%	25%	30%	15%		

Em relação a sazonalidade mensal, aplicando uma média entre os faturamentos de negócios similares, chega-se à distribuição destacada a seguir:

Tabela 17 Sazonalidade mensal

Jan	Fev	Mar	Abr	Mai	Jun	Jul	Ago	Set	Out	Nov	Dez
4%	5%	7%	8%	8%	9%	8%	10%	11%	11%	11%	8%

A previsão de gasto médio por pessoa é de R$ 90,00 (R$ 110,00 no 2º ano e R$ 140,00 no 3º ano), excluindo o *couvert* artístico. O faturamento médio mensal será, portanto, de R$ 329.000,00 no primeiro ano de funcionamento.

Tabela 18 Demanda e faturamento mensal

Ano 1

Mês	Ago	Set	Out	Nov	Dez	Jan	Fev	Mar	Abr	Mai	Jun	Jul	Total
Ocupação	4.392	4.831	4.831	4.831	3.514	1.757	2.196	3.074	3.514	3.514	3.953	3.514	43.920
Faturamento (000)	395,3	434,8	434,8	434,8	316,2	158,1	197,6	276,7	316,2	316,2	355,8	316,2	3.953

Ano 2

Mês	Ago	Set	Out	Nov	Dez	Jan	Fev	Mar	Abr	Mai	Jun	Jul	Total
Ocupação	5.534	6.087	6.087	6.087	4.427	2.214	2.767	3.874	4.427	4.427	4.981	4.427	55.339
Faturamento (000)	608,7	669,6	669,6	669,6	487,0	243,5	304,4	426,1	484,0	487,0	547,9	487,0	6.087

Ano 3

Mês	Ago	Set	Out	Nov	Dez	Jan	Fev	Mar	Abr	Mai	Jun	Jul	Total
Ocupação	7.263	7.990	7.990	7.990	5.811	2.905	3.632	5.084	5.811	5.811	6.537	5.811	72.633
Faturamento (000)	1.016,9	1.118,5	1.118,5	1.118,5	813,5	406,7	508,4	711,8	813,5	813,5	915,2	813,5	10.169

6. PLANO DE AÇÃO

		ANO 1										ANO 2			TOTAL
		Jan	Fev	Mar	Abr	Mai	Jun	Jul	Ago	Set	Out	Nov	Dez	Jan	Fev	Mar	
ESTRUTURA																	
1	Procura e seleção de imóvel	–															
2	Abertura de firma – documentação		$ 5.000														$ 5.000
3	Alvenaria e estrutura				$ 120.000												$ 120.000
4	Decoração e paisagismo				$ 40.000												$ 40.000
5	Compra e instalação de equipamentos:																
	– de cozinha				$ 35.000												$ 35.000
	– dos bares				$ 40.000												$ 40.000
	– de áudio e vídeo				$ 50.000												$ 50.000
6	Compra e instalação dos móveis				$ 70.000												$ 70.000
7	Compra e organização de bebidas						$ 64.000										$ 64.000
8	Compra e organização de matéria-prima						$ 22.000										$ 22.000
9	Elaboração do cardápio					$ 4.000											$ 4.000
10	Instalação de comanda eletrônica						$ 30.000										$ 30.000
11	Contratação da empresa de manobristas						–										
PESSOAL																	
12	Contratação do gerente geral			–													
13	Contratação do chef de cozinha				–												
14	Contratação dos demais funcionários					–											
15	Treinamento dos funcionários						$ 5.000										$ 5.000
16	Procura e seleção de bandas de música						–										
17	Compra e confecção de roupas						$ 20.000										$ 20.000
18	Contratação de Agência de Comunicação			–													
PROMOÇÃO																	
19	Elaboração de folhetos					$ 20.000											$ 20.000
20	Distribuição de folhetos em faróis							$ 2.500									$ 2.500
21	Distribuição de folhetos na região							$ 2.500									$ 2.500
22	Produção de vídeo institucional					$ 12.000											$ 12.000
23	Produção de filme publicitário – 30 seg.						$ 15.000										$ 15.000
24	Produção de fotos					$ 10.000											$ 10.000
25	Anúncio nas revistas:																
	– Veja São Paulo							$ 39.900									$ 39.900
	– Casa Cláudia								$ 21.140								$ 21.140
	– Vip								$ 21.980								$ 21.980
	– Bravo e Piauí								$ 11.200								$ 11.200
26	Spots nas seguintes Rádios:																
	– Eldorado								$ 14.000								$ 14.000
	– Nova Brasil FM								$ 14.000								$ 14.000
	– Kiss FM								$ 8.000								$ 8.000
27	TV a cabo – Canal Sony								$ 28.000								$ 28.000
28	Anúncio em cinemas							$ 28.000									$ 28.000
29	Assessoria de imprensa						$ 56.000										$ 56.000
30	Cobertura Programa "Amauri Jr."								$ 21.000								$ 21.000
31	Festa de inauguração								$ 56.000								$ 56.000
32	Elaboração e envio de mala direta								$ 126.000								$ 126.000
33	Outdoor – bissemana no aeroporto Cumbica								$ 36.000								$ 36.000
34	Elaboração de Postais do bar							$ 15.000									$ 15.000
35	Elaboração de brindes de inauguração							$ 25.000									$ 25.000
36	Cadastramento de clientes							–	–	–	–	–	–	–	–	–	
INTERNET																	
37	Elaboração e publicação no site				$ 7.000												$ 7.000
38	Manutenção e hospedagem do site					$ 2.500	$ 2.500	$ 2.500	$ 2.500	$ 2.500	$ 2.500	$ 2.500	$ 2.500	$ 2.500	$ 2.500	$ 2.500	$ 25.000
39	Cadastramento em sites de busca					$ 2.700	$ 2.700	$ 2.700	$ 2.700	$ 2.700	$ 2.700	$ 2.700	$ 2.700	$ 2.700	$ 2.700	$ 2.700	$ 27.000
40	Cadastramento portais de entretenimento					$ 7.200	$ 7.200	$ 7.200	$ 7.200	$ 7.200	$ 7.200	$ 7.200	$ 7.200	$ 7.200	$ 7.200	$ 7.200	$ 72.000
																	$ 1.219.220

6.1 Detalhamento

Itens

3 – Alvenaria e construção:
- quatro banheiros;
- cinco bares;
- cozinha;
- montagem dos camarins, escritório, recepção e balcões;
- composição dos diversos tipos de piso;
- pintura e ambientação das paredes;
- montagem do palco;
- montagem do sistema de refrigeração ambiental;
- montagem de pias, janelas e portas.

4 – Decoração e paisagismo:
- texturização das paredes;
- acabamento do teto;
- decoração da entrada e da recepção;
- quadros e elementos de decoração;

5a – Compra e instalação de equipamentos de cozinha:
- armários e prateleiras;
- dois freezers industriais;
- um fogão industrial;
- utensílios de cozinha.

5b – Compra e instalação de equipamentos dos bares:
- Cinco geladeiras horizontais;
- Dez bicos de chope;
- Uma lavadora industrial;
- Copos e talheres.

5c – Compra e instalação de equipamentos de áudio e vídeo:
- uma mesa de som digital;
- um *receiver* profissional;
- dois projetores de alta definição com 2 telões;
- 4 televisores LCD de 42";
- 28 caixas acústicas compactas de alta performance;
- cabos, plugues e conectores.

6 – Compra e instalação dos móveis:
- 50 mesas;
- 200 cadeiras;
- 5 sofás sem encosto;
- 5 mesas de centro e apoio;
- 40 banquetas de balcão.

7 – Compra e organização de bebidas (1º mês):
- 300 garrafas de uísque;
- 50 caixas de cerveja de trigo;
- 250 caixas de cervejas;
- 50 caixas de bebida energética;
- 20 caixas de garrafas de vinho;
- 20 caixas de garrafas de champanhe;
- 30 caixas de destilados diversos;
- 20 caixas de refrigerantes diversos;
- 40 caixas de água mineral;
- 40 Barris de 50 litros.

8 – Compra e organização de matéria-prima (1º mês):
- carne;
- legumes;
- pães;
- massas;
- queijos;
- temperos;
- doces;
- sorvetes.

10 – Instalação de comanda eletrônica:
- 40 *handhelds* (computadores de mão);
- seis terminais de consulta e controle;
- um computador tipo servidor central.

11 – Contratação de empresa de manobristas:
- empresa terceirizada autorremunerada;
- definição de preços e controle qualidade de atendimento do serviço de responsabilidade do Bar Tangerine.

14 – Contratação dos demais funcionários:
- 20 atendentes de mesa;
- 15 atendentes de bar;
- 10 ajudantes de cozinha;
- 4 seguranças;
- 5 caixas/administrativo/operacional;
- 8 auxiliares de limpeza.

15 – Treinamento dos funcionários:
- operação e manutenção do sistema de comanda eletrônica;
- cortesia e atendimento;
- noções de gestão de bar.

17 – Compra e confecção de uniformes:
- 140 conjuntos (70 funcionários – dois conjuntos por funcionário).

18 – Contratação de agência de comunicação:
- de pequeno porte;
- remunerada por projeto

22 – Produção de vídeo institucional:
- vídeo musical de três minutos com enfoque motivacional, apresentando os detalhes do bar.

23 – Produção de filme publicitário:
- filme de 30 segundos derivado da edição do vídeo institucional com inclusão de narração, telefone e endereço.

24 – Produção de fotos:
- elaboração de fotos digitais para uso nos folhetos, material promocional, kit de imprensa, entre outros.

25 – Anúncio nas revistas – desconto médio de 35% da tabela:
- *Veja São Paulo* – ½ página – última semana de julho;
- *Casa Cláudia* – ½ página;
- *Vip* – ½ página;
- *Bravo* – ½ página;
- *Piauí* – ½ página.

26 – Spots nas seguintes rádios – Desconto médio de 35% da tabela:
- Rádio Eldorado – programa Mistura Fina – média de 50 inserções rotativa;
- Rádio Nova Brasil FM – média de 50 inserções rotativas;
- Rádio Kiss FM – média de 50 inserções rotativas.

27 – Inserções nos seguintes canais a cabo – Desconto médio de 35% da tabela:
- Sony Entertainment Television – média de 72 inserções rotativas por mês.

28 – Anúncio nos cinemas – Desconto médio de 35% da tabela:
- Espaço Unibanco de Cinema – média de 3 inserções por dia – 72 inserções por mês;
- HSBC Belas Artes – média de 3 inserções por dia – 72 inserções por mês.

29 – Assessoria de impresa:
- relacionamento com a imprensa local;
- elaboração de 100 kits de imprensa contendo:
  - dois convites VIP;
  - isenção de pagamento de couvert artístico, mesa em área privilegiada;
  - crédito de R$ 100,00;
  - CD-ROM:
    - fotos digitais em alta resolução do local;
    - detalhes técnicos;
    - releases de imprensa;

- pasta personalizada do bar;
- folheto *premium*;
- caneta personalizada do bar;
- camiseta tipo polo do bar.

30 – Cobertura Programa Amauri Jr.:
- seis minutos de vídeo com entrevista e filmagens do local.

31 – Festa de inauguração:
- *open bar para*:
  - Imprensa previamente convidada;
  - Clientes-chave (líderes de opinião e personalidades);
  - Empresários da região.
- banda musical de destaque na vida noturna paulistana;
- atores, mágicos, artistas performáticos circulando entre os convidados;
- vídeo motivacional e apresentação do bar pelos empreendedores;
- ao final distribuição de:
  - camisetas tipo polo do bar, canetas personalizadas, pasta personalizada, cartões de associado VIP.

32 – Elaboração e envio de mala direta – Desconto médio de 35% da tabela:
- utilização do *mailing* Datalistas da Editora Abril, perfil "Lares Super Premium" – 250.000 clientes da cidade de São Paulo;
- mala direta derivada do folheto desenvolvido como *flyer*;
- postagem.

33 – *Outdoor*
- o dois *outdoors* por duas semanas na via de acesso ao aeroporto de Guarulhos.

35 – Elaboração de brindes de inauguração:
- pasta personalizada;
- caneta personalizada;
- camiseta tipo polo personalizada.

7. VIABILIDADE FINANCEIRA

7.1 Fluxo de caixa

1º ano:

R$ (000)	Fev 0	Mar 1	Abr 2	Mai 3	Jun 4	Jul 5	Ago 6	Set 7	Out 8	Nov 9	Dez 10
Abertura de firma – documentação	($ 5,0)										
Alvenaria, estrutura e manutenção			($ 60,0)	($ 60,0)							
Decoração e paisagismo			($ 20,0)	($ 20,0)							
Equipamentos de cozinha		($ 15,0)	($ 10,0)	($ 10,0)							
Equipamento dos bares		($ 20,0)	($ 10,0)	($ 10,0)							
Equipamento de áudio e vídeo		($ 20,0)	($ 15,0)	($ 15,0)							
Compra e instalação dos móveis		($ 25,0)	($ 25,0)	($ 20,0)							
Aluguel	($ 15,0)	($ 15,0)	($ 15,0)	($ 15,0)	($ 15,0)	($ 15,0)	($ 15,0)	($ 15,0)	($ 15,0)	($ 15,0)	($ 15,0)
Energia elétrica	($ 0,5)	($ 0,6)	($ 0,7)	($ 0,8)	($ 0,9)	($ 1,0)	($ 1,5)	($ 1,5)	($ 1,5)	($ 1,5)	($ 1,5)
Água	($ 0,1)	($ 0,2)	($ 0,3)	($ 0,5)	($ 0,5)	($ 0,5)	($ 0,5)	($ 0,5)	($ 0,5)	($ 0,5)	($ 0,5)
Gás	($ 0,2)	($ 0,2)	($ 0,2)	($ 0,2)	($ 0,2)	($ 0,2)	($ 0,8)	($ 0,8)	($ 0,8)	($ 0,8)	($ 0,8)
Telefone	($ 0,5)	($ 0,5)	($ 0,5)	($ 0,5)	($ 0,5)	($ 0,5)	($ 0,5)	($ 0,5)	($ 0,5)	($ 0,5)	($ 0,5)
Contador	($ 2,0)	($ 2,0)	($ 2,0)	($ 2,0)	($ 2,0)	($ 2,0)	($ 2,0)	($ 2,0)	($ 2,0)	($ 2,0)	($ 2,0)
Bebidas					($ 42,0)	($ 22,0)	($ 22,0)	($ 24,0)	($ 24,0)	($ 26,0)	($ 28,0)
Matéria-prima					($ 12,0)	($ 10,0)	($ 10,0)	($ 12,0)	($ 12,0)	($ 14,0)	($ 16,0)
Elaboração do cardápio				($ 4,0)							
Instalação e manutenção – comanda eletrônica						($ 30,0)	($ 1,0)	($ 1,0)	($ 1,0)	($ 1,0)	($ 1,0)
Salário do gerente geral			($ 15,9)	($ 15,9)	($ 15,9)	($ 15,9)	($ 15,9)	($ 15,9)	($ 15,9)	($ 15,9)	($ 27,8)
Salário do chef de cozinha			($ 25,5)	($ 25,5)	($ 25,5)	($ 25,5)	($ 25,5)	($ 25,5)	($ 25,5)	($ 25,5)	($ 44,2)
Demais salários							($ 125,5)	($ 125,5)	($ 125,5)	($ 125,5)	($ 177,8)
Treinamento dos funcionários					($ 2,5)	($ 2,5)					
Compra e confecção de uniformes					($ 10,0)	($ 10,0)					
Elaboração de folhetos				($ 20,0)							
Distribuição de folhetos						($ 1,0)	($ 1,0)	($ 1,0)	($ 1,0)	($ 1,0)	
Produção de vídeo institucional				($ 12,0)							
Produção de filme publicitário – 30 seg.					($ 15,0)						
Produção de fotos				($ 10,0)							
Anúncio em revistas						($ 39,9)	($ 54,3)				
Spot nas rádios							($ 36,0)				
Anúncio nos canais de TV a cabo							($ 20,0)				
Anúncio em cinemas						($ 14,0)	($ 14,0)				
Assessoria de imprensa					($ 14,0)	($ 14,0)	($ 14,0)	($ 14,0)			
Cobertura Programa "Amauri Jr."							($ 30,0)				
Festa de inauguração							($ 60,0)				
Distribuição de brindes de inauguração							($ 25,0)				
Elaboração de postais do bar						($ 15,0)					
Elaboração e envio de mala direta						($ 126,0)					
Outdoor nas proximidades do aeroporto							($ 36,0)		($ 36,0)		($ 36,0)
Elaboração e publicação de site			($ 3,5)	($ 3,5)							
Manutenção e hospedagem do site					($ 2,5)	($ 2,5)	($ 2,5)	($ 2,5)	($ 2,5)	($ 2,5)	($ 2,5)
Cadastramento em sites de busca					($ 2,7)	($ 2,7)	($ 2,7)	($ 2,7)	($ 2,7)	($ 2,7)	($ 2,7)
Cadastramento portais de entretenimento					($ 7,2)	($ 7,2)	($ 7,2)	($ 7,2)	($ 7,2)	($ 7,2)	($ 7,2)
Total de Saídas	($ 23,3)	($ 98,5)	($ 203,6)	($ 244,9)	($ 168,4)	($ 357,4)	($ 522,9)	($ 251,6)	($ 273,6)	($ 241,6)	($ 363,5)
Receita Bruta							$ 395,3	$ 434,8	$ 434,8	$ 434,8	$ 316,2
Impostos							$ 59,3	$ 65,2	$ 65,2	$ 65,2	$ 47,4
Total de Entradas							$ 336,0	$ 369,6	$ 369,6	$ 369,6	$ 268,8
DIFERENÇA DE CAIXA	($ 23,3)	($ 98,5)	($ 203,6)	($ 244,9)	($ 168,4)	($ 357,4)	($ 186,9)	$ 118,0	$ 96,0	$ 128,0	(94,7)
MUDANÇAS NO CAIXA	($ 23,3)	($ 121,8)	($ 325,4)	($ 570,3)	($ 738,7)	($ 1.096,1)	(1.283,0)	($ 1.165,0)	($ 1.069,1)	($ 941,1)	($ 1.035,8)

Apêndice – Exemplo de Plano de Marketing

2º ano:

R$ (000)	Jan 11	Fev 12	Mar 13	Abr 14	Mai 15	Jun 16	Jul 17	Ago 18	Set 19	Out 20	Nov 21	Dez 22
Abertura de firma – documentação												
Alvenaria, estrutura e manutenção								($ 20,0)				
Decoração e paisagismo								($ 10,0)				
Equipamentos de cozinha								($ 5,0)				
Equipamento dos bares								($ 5,0)				
Equipamento de áudio e vídeo								($ 5,0)				
Compra e instalação dos móveis												
Aluguel	($ 16,5)	($ 16,5)	($ 16,5)	($ 16,5)	($ 16,5)	($ 16,5)	($ 16,5)	($ 16,5)	($ 16,5)	($ 16,5)	($ 16,5)	($ 16,5)
Energia elétrica	($ 1,7)	($ 1,7)	($ 1,7)	($ 1,7)	($ 1,7)	($ 1,7)	($ 1,7)	($ 1,7)	($ 1,7)	($ 1,7)	($ 1,7)	($ 1,7)
Água	($ 0,6)	($ 0,6)	($ 0,6)	($ 0,6)	($ 0,6)	($ 0,6)	($ 0,6)	($ 0,6)	($ 0,6)	($ 0,6)	($ 0,6)	($ 0,6)
Gás	($ 0,9)	($ 0,9)	($ 0,9)	($ 0,9)	($ 0,9)	($ 0,9)	($ 0,9)	($ 0,9)	($ 0,9)	($ 0,9)	($ 0,9)	($ 0,9)
Telefone	($ 0,6)	($ 0,6)	($ 0,6)	($ 0,6)	($ 0,6)	($ 0,6)	($ 0,6)	($ 0,6)	($ 0,6)	($ 0,6)	($ 0,6)	($ 0,6)
Contador	($ 2,2)	($ 2,2)	($ 2,2)	($ 2,2)	($ 2,2)	($ 2,2)	($ 2,2)	($ 2,2)	($ 2,2)	($ 2,2)	($ 2,2)	($ 2,2)
Bebidas	($ 36,6)	($ 36,6)	($ 36,6)	($ 36,6)	($ 36,6)	($ 36,6)	($ 36,6)	($ 36,6)	($ 36,6)	($ 36,6)	($ 36,6)	($ 36,6)
Matéria-prima	($ 21,0)	($ 21,0)	($ 21,0)	($ 21,0)	($ 21,0)	($ 21,0)	($ 21,0)	($ 21,0)	($ 21,0)	($ 21,0)	($ 21,0)	($ 21,0)
Elaboração do cardápio												
Instalação e manutenção – comanda eletrônica	($ 1,0)	($ 1,0)	($ 1,0)	($ 1,0)	($ 1,0)	($ 1,0)	($ 1,0)	($ 1,1)	($ 1,1)	($ 1,1)	($ 1,1)	($ 1,1)
Salário do gerente geral	($ 16,7)	($ 16,7)	($ 16,7)	($ 16,7)	($ 16,7)	($ 16,7)	($ 16,7)	($ 16,7)	($ 16,7)	($ 16,7)	($ 16,7)	($ 33,4)
Salário do chef de cozinha	($ 26,8)	($ 26,8)	($ 26,8)	($ 26,8)	($ 26,8)	($ 26,8)	($ 26,8)	($ 26,8)	($ 26,8)	($ 26,8)	($ 26,8)	($ 53,6)
Demais salários	($ 131,8)	($ 131,8)	($ 131,8)	($ 131,8)	($ 131,8)	($ 131,8)	($ 131,8)	($ 131,8)	($ 131,8)	($ 131,8)	($ 131,8)	($ 263,6)
Treinamento dos funcionários					($ 3,0)							
Compra e confecção de uniforme						($ 10,5)	($ 10,5)					
Elaboração de folhetos					($ 25,0)							
Distribuição de folhetos			($ 1,0)		($ 1,0)		($ 1,0)		($ 1,0)		($ 1,0)	
Produção de vídeo institucional												
Produção de filme publicitário – 30 seg.												
Produção de fotos												
Anúncio em revistas												
Spot nas rádios												
Anúncio nos canais de TV a cabo												
Anúncio em cinemas												
Assessoria de imprensa						($ 16,0)	($ 16,0)	($ 16,0)	($ 16,0)			
Cobertura Programa "Amauri Jr."								($ 32,0)				
Festa de inauguração												
Distribuição de brindes de inauguração												
Elaboração de postais do bar							($ 17,0)					
Elaboração e envio de mala direta												
Outdoor nas proximidades do aeroporto		($ 12,0)		($ 12,0)		($ 12,0)		($ 12,0)		($ 12,0)		($ 12,0)
Elaboração e publicação de site												
Manutenção e hospedagem do site	($ 2,6)	($ 2,6)	($ 2,6)	($ 2,6)	($ 2,6)	($ 2,6)	($ 2,6)	($ 2,6)	($ 2,6)	($ 2,6)	($ 2,6)	($ 2,6)
Cadastramento em sites de busca	($ 2,8)	($ 2,8)	($ 2,8)	($ 2,8)	($ 2,8)	($ 2,8)	($ 2,8)	($ 2,8)	($ 2,8)	($ 2,8)	($ 2,8)	($ 2,8)
Cadastramento portais de entretenimento	($ 7,6)	($ 7,6)	($ 7,6)	($ 7,6)	($ 7,6)	($ 7,6)	($ 7,6)	($ 7,6)	($ 7,6)	($ 7,6)	($ 7,6)	($ 7,6)
Total de Saídas	($ 268,8)	($ 280,8)	($ 269,8)	($ 280,8)	($ 297,8)	($ 307,3)	($ 319,3)	($ 373,9)	($ 285,9)	($ 280,9)	($ 269,9)	($ 456,2)
Receita Bruta	$ 158,1	$ 197,6	$ 276,7	$ 316,2	$ 316,2	$ 355,8	$ 316,2	$ 608,7	$ 669,6	$ 669,6	$ 669,6	$ 487,0
Impostos	$ 23,7	$ 29,6	$ 41,5	$ 47,4	$ 47,4	$ 53,4	$ 47,4	$ 91,3	$ 100,4	$ 100,4	$ 100,4	$ 73,0
Total de Entradas	$ 134,4	$ 168,0	$ 235,2	$ 268,8	$ 268,8	$ 302,4	$ 268,8	$ 517,4	$ 569,2	$ 569,2	$ 569,2	$ 413,9
DIFERENÇA DE CAIXA	($ 134,4)	($ 112,8)	($ 34,6)	($ 12,0)	($ 29,0)	($ 4,9)	($ 50,5)	$ 143,5	$ 283,3	$ 288,3	$ 299,3	(4$ 2,3)
MUDANÇAS NO CAIXA	($ 1.170,2)	($ 1.283,0)	($ 1.317,6)	($ 1.329,6)	($ 1.358,6)	($ 1.363,5)	($ 1.414,0)	($ 1.270,5)	($ 987,0)	($ 699,0)	($ 399,7)	($ 442,0)

138   Plano de Marketing

3º ano:

R$ (000)	Jan 23	Fev 24	Mar 25	Abr 26	Mai 27	Jun 28	Jul 29	Ago 30	Set 31	Out 32	Nov 33	Dez 34
Abertura de firma – documentação												
Alvenaria, estrutura e manutenção								($ 30,0)				
Decoração e paisagismo								($ 15,0)				
Equipamentos de cozinha								($ 7,0)				
Equipamento dos bares								($ 7,0)				
Equipamento de áudio e vídeo								($ 7,0)				
Compra e instalação dos móveis												
Aluguel	($ 18,2)	($ 18,2)	($ 18,2)	($ 18,2)	($ 18,2)	($ 18,2)	($ 18,2)	($ 18,2)	($ 18,2)	($ 18,2)	($ 18,2)	($ 18,2)
Energia elétrica	($ 1,9)	($ 1,9)	($ 1,9)	($ 1,9)	($ 1,9)	($ 1,9)	($ 1,9)	($ 1,9)	($ 1,9)	($ 1,9)	($ 1,9)	($ 1,9)
Água	($ 0,7)	($ 0,7)	($ 0,7)	($ 0,7)	($ 0,7)	($ 0,7)	($ 0,7)	($ 0,7)	($ 0,7)	($ 0,7)	($ 0,7)	($ 0,7)
Gás	($ 0,1)	($ 0,1)	($ 0,1)	($ 0,1)	($ 0,1)	($ 0,1)	($ 0,1)	($ 0,1)	($ 0,1)	($ 0,1)	($ 0,1)	($ 0,1)
Telefone	($ 0,7)	($ 0,7)	($ 0,7)	($ 0,7)	($ 0,7)	($ 0,7)	($ 0,7)	($ 0,7)	($ 0,7)	($ 0,7)	($ 0,7)	($ 0,7)
Contador	($ 2,4)	($ 2,4)	($ 2,4)	($ 2,4)	($ 2,4)	($ 2,4)	($ 2,4)	($ 2,4)	($ 2,4)	($ 2,4)	($ 2,4)	($ 2,4)
Bebidas	($ 40,0)	($ 40,0)	($ 40,0)	($ 40,0)	($ 40,0)	($ 40,0)	($ 40,0)	($ 40,0)	($ 40,0)	($ 40,0)	($ 40,0)	($ 40,0)
Matéria-prima	($ 23,0)	($ 23,0)	($ 23,0)	($ 23,0)	($ 23,0)	($ 23,0)	($ 23,0)	($ 23,0)	($ 23,0)	($ 23,0)	($ 23,0)	($ 23,0)
Elaboração do cardápio							($ 8,0)					
Instalação e manutenção – comanda eletrônica	($ 1,1)	($ 1,1)	($ 1,1)	($ 1,1)	($ 1,1)	($ 1,1)	($ 1,1)	($ 1,2)	($ 1,2)	($ 1,2)	($ 1,2)	($ 1,2)
Salário do gerente geral	($ 17,5)	($ 17,5)	($ 17,5)	($ 17,5)	($ 17,5)	($ 17,5)	($ 17,5)	($ 17,5)	($ 17,5)	($ 17,5)	($ 17,5)	($ 35,0)
Salário do chef de cozinha	($ 28,1)	($ 28,1)	($ 28,1)	($ 28,1)	($ 28,1)	($ 28,1)	($ 28,1)	($ 28,1)	($ 28,1)	($ 28,1)	($ 28,1)	($ 56,2)
Demais salários	($ 138,4)	($ 138,4)	($ 138,4)	($ 138,4)	($ 138,4)	($ 138,4)	($ 138,4)	($ 138,4)	($ 138,4)	($ 138,4)	($ 138,4)	($ 276,8)
Treinamento dos funcionários					($ 4,0)							
Compra e confecção de uniformes							($ 11,0)	($ 11,0)				
Elaboração de folhetos					($ 30,0)							
Distribuição de folhetos				($ 1,0)		($ 1,0)		($ 1,0)		($ 1,0)		($ 1,0)
Produção de vídeo institucional												
Produção de filme publicitário – 30 seg.												
Produção de fotos												
Anúncio em revistas												
Spot nas rádios												
Anúncio nos canais de TV a cabo												
Anúncio em cinemas												
Assessoria de imprensa						($ 18,0)	($ 18,0)	($ 18,0)	($ 18,0)			
Cobertura Programa "Amauri Jr."								($ 35,0)				
Festa de inauguração												
Distribuição de brindes de inauguração												
Elaboração de postais do bar							($ 18,0)					
Elaboração e envio de mala direta												
Outdoor nas proximidades do aeroporto		($ 14,0)		($ 14,0)		($ 14,0)		($ 14,0)		($ 14,0)		($ 14,0)
Elaboração e publicação de site												
Manutenção e hospedagem do site	($ 2,7)	($ 2,7)	($ 2,7)	($ 2,7)	($ 2,7)	($ 2,7)	($ 2,7)	($ 2,7)	($ 2,7)	($ 2,7)	($ 2,7)	($ 2,7)
Cadastramento em sites de busca	($ 2,9)	($ 2,9)	($ 2,9)	($ 2,9)	($ 2,9)	($ 2,9)	($ 2,9)	($ 2,9)	($ 2,9)	($ 2,9)	($ 2,9)	($ 2,9)
Cadastramento portais de entretenimento	($ 8,0)	($ 8,0)	($ 8,0)	($ 8,0)	($ 8,0)	($ 8,0)	($ 8,0)	($ 8,0)	($ 8,0)	($ 8,0)	($ 8,0)	($ 8,0)
Total de Saídas	($ 286,6)	($ 300,6)	($ 287,6)	($ 300,6)	($ 321,6)	($ 329,6)	($ 342,6)	($ 419,7)	($ 305,7)	($ 300,7)	($ 287,7)	($ 484,7)
Receita Bruta	$ 243,5	$ 304,4	$ 426,1	$ 487,0	$ 487,0	$ 547,9	$ 487,0	$ 1.016,9	$ 1.118,5	$ 1.118,5	$ 1.118,5	$ 813,5
Impostos	$ 36,5	$ 45,7	$ 63,9	$ 73,0	$ 73,0	$ 82,2	$ 73,0	$ 152,5	$ 167,8	$ 167,8	$ 167,8	$ 122,0
Total de Entradas	$ 207,0	$ 258,7	$ 362,2	$ 413,9	$ 413,9	$ 465,7	$ 413,9	$ 864,3	$ 950,8	$ 950,8	$ 950,8	$ 691,5
DIFERENÇA DE CAIXA	($ 79,6)	($ 41,8)	$ 74,6	$ 113,4	$ 92,4	$ 136,1	$ 71,4	$ 444,7	$ 645,1	$ 650,1	$ 663,1	$ 206,8
MUDANÇAS NO CAIXA	($ 521,6)	($ 563,4)	($ 488,8)	($ 375,4)	($ 283,0)	($ 146,9)	($ 75,5)	$ 369,2	$ 1.014,3	$ 1.664,4	$ 2.327,5	$ 2.534,4

Apêndice – Exemplo de Plano de Marketing   139

7.2 Detalhamento:

- a previsão para ajuste nos preços de aluguel, energia elétrica, água, gás, telefone, contador, bebidas e matéria-prima, é que seja feito anualmente, no mês de janeiro, com aumento médio de 10% sobre o ano anterior;
- os salários do gerente geral e do chef de cozinha já incluem encargos da ordem de 113%, e uma contribuição mensal para composição do pagamento das férias. O reajuste anual ocorre no mês de agosto, e o 13º salário é sempre pago nos meses de novembro e dezembro;
- os demais salários já incluem encargos da ordem de 113% e uma contribuição mensal para composição do pagamento das férias. O reajuste anual ocorre no mês de agosto, e o 13º salário é sempre pago nos meses de novembro e dezembro.

O detalhamento dos salários é o seguinte:

- 1 gerente geral – R$ 7.500,00/mês;
- 1 chef de cozinha – R$ 12.000,00/mês;
- 10 ajudantes de cozinha – R$ 700,00/mês;
- 4 seguranças – R$ 900,00/mês;
- 15 atendentes de bar – R$ 1.200,00/mês;
- 20 atendentes de mesa – R$ 900,00/mês;
- 5 auxiliares administrativos – R$ 1.500,00/mês;
- 8 auxiliares de limpeza – R$ 600,00/mês;

Os reajustes acompanham uma média de 5% ao ano.

Tabela 19   *DRE – Demonstrativo de resultados*

R$ (000)	1º Ano	2º Ano	3º Ano
Receita bruta	2.015,9	5.041,4	8.168,8
(–) Custo dos bens vendidos	(975,6)	(2.435,8)	(2.598,4)
(=) Lucro bruto	1.040,3	2.605,6	5.570,4
(–) Despesas administrativas e de vendas	(1.773,7)	(1.255,6)	(1.368,7)
(=) Lucro operacional	(733,4)	1350,0	4.201,7
(–) Impostos	(302,4)	(756,2)	(1.225,3)
Lucro líquido final	(1035,8)	593,8	2.976,4

- investimento inicial – R$ 1.919.700,00;
- lucro líquido – R$ 2.534.400,00;
- *payback* – 30º mês;
- retorno sobre o investimento – 132% em três anos;
- retorno médio sobre o investimento – 32,4% ao ano.

8. CONTROLES

Parte crucial do sucesso do Bar Tangerine será a manutenção eficaz da clientela adquirida no primeiro ano de funcionamento da casa, para que os próprios frequentadores sejam os principais agentes de comunicação a outros potenciais clientes do bar.

As principais ações de controle serão:

- pesquisa quantitativa mensal de satisfação, incluindo os seguintes itens:
  - qualidade e rapidez do atendimento;
  - qualidade dos grupos musicais;
  - qualidade dos itens da cozinha;
  - qualidade dos itens dos bares;
  - ambiente;
  - níveis de preço e percepção de valor.
- acompanhamento semanal do objetivo *versus* o efetivo do fluxo de clientes para eventuais ajustes;
- acompanhamento semanal do objetivo *versus* o efetivo em termos de rentabilidade financeira;
- marketing de relacionamento com os atuais clientes;
- montagem de um banco de dados dos clientes;
- oferta de shows e novidades do bar;
- oferta de festas de aniversário;
- adequação semanal de mão de obra em relação ao fluxo de clientes;
- administração correta do estoque de bebidas e matéria-prima de cozinha;
- implantação de mural de reclamações/comentários/sugestões na recepção e no site do bar;
- manutenção e limpeza primorosa do local;
- verificação com clientes da forma de divulgação do bar para ajustes nas mídias utilizadas.

Anexo

Pesquisa – bares São Paulo

São Paulo, 15 de fevereiro de 2004

Projeto: Pesquisa Bares São Paulo – Mensuração de atributos relevantes sob a ótica de potenciais clientes de bares premium da cidade de São Paulo

Metodologia: Pesquisa quantitativa – conclusiva descritiva. Aplicação de questionário com uso de entrevistador *in loco* com amostra de 400 clientes classe A1 e A2.

Datas: de 1º/11/2003 a 31/01/2004

Local: Cidade de São Paulo – Bairros: Itaim, Vila Madalena, Moema e Vila Olímpia

Sumário executivo

- o público-alvo da referida pesquisa exige um tratamento diferenciado no momento em que se define pela ida a um bar e o valor gasto não é tão relevante quando comparado a fatores como ambiente, conforto e, principalmente, nível de atendimento;
- alguns cuidados nos quesitos relacionados ao atendimento devem ser tomados ao atender clientes de bares da classe social A1 e A2. Eles não gostam de se sentir enganados e consideram um imenso desrespeito as longas filas, excesso de pessoas e porções e doses pequenas;
- há uma preferência pelos estilos musicais: rock dos anos 60, 70 e 80, música popular brasileira, música pop, black music e rock nacional. Os demais estilos devem ser evitados ou utilizados com pouca frequência;
- bairros como Vila Olímpia, Itaim, Moema, Jardins, Pinheiros e Vila Madalena são citados como os preferidos para abrigar um bar premium em São Paulo, haja vista que a grande maioria citou que não existem muitas opções de escolha em São Paulo na categoria mais requintada.

Razões de escolha

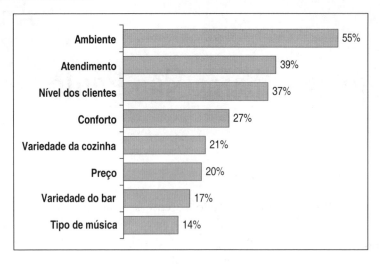

- o ambiente do local em conjunto com o atendimento é crucial na escolha de um bar para o público-alvo;
- o preço não é um dos principais fatores na escolha do bar;

Itens negativos

- os itens destacados como os que mais incomodam o público-alvo em questão são de ordem de atendimento, ou, ainda, conveniência. Aparentemente o respondente exige um tratamento diferenciado;

- outra questão que merece destaque é que o público-alvo apesar de possuir um poder aquisitivo elevado, não admite ser enganado na conta ou porções e doses pequenas em relação ao preço pago;
- a regulagem de altura do som deve ser considerada. O respondente prefere um som alto, mas não ensurdecedor.

Estilos de músicas mais desejadas

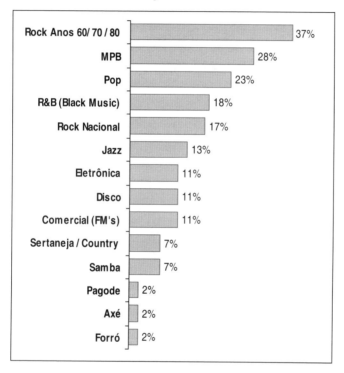

- como era de se esperar, os tipos de música mais populares e considerados de massa são rejeitados pelos respondentes;
- rock dos anos 60, 70 e 80 detém a maior preferência entre os respondentes. Talvez sua média de idade faz que o estilo destacado encontre maior simpatia em função da identificação com o período da sua juventude;
- a constante oferta por diferentes estilos musicais deve ser priorizada, haja vista que os respondentes se referiram com frequência a mais de um estilo preferido.

Bairros preferidos

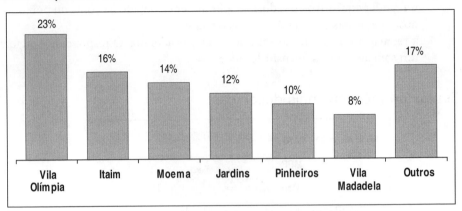

- a Vila Olímpia foi citada como de melhor localização para um bar *premium*;
- bairros como Itaim, Moema e Jardins também tiveram uma boa preferência.

Opções de escolha

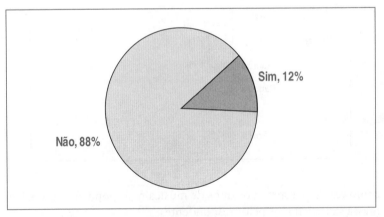

- a grande maioria (88%) considera que não existem muitas opções de entretenimento na Grande São Paulo para pessoas de bom gosto e ambiente refinado.

Como costuma frequentar bares

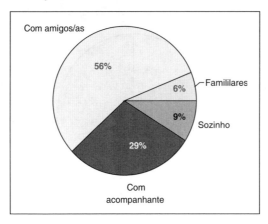

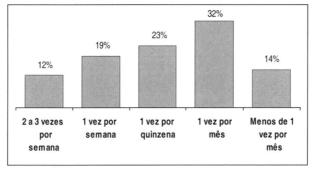

- o bar, como comprovado neste gráfico, é o lugar perfeito para socializar com os amigos;
- e a frequência mais comum por quase 1/3 dos respondentes é de uma vez ao mês.

Demográficos
- **Idade**

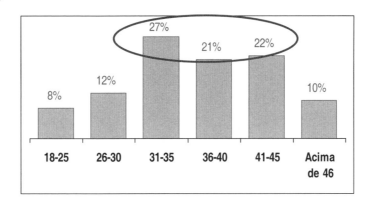

- **Sexo**

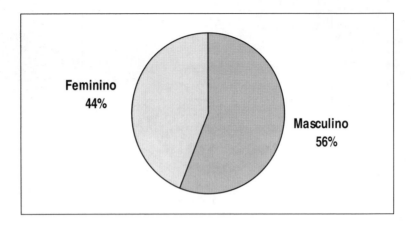

- **Estado Civil**

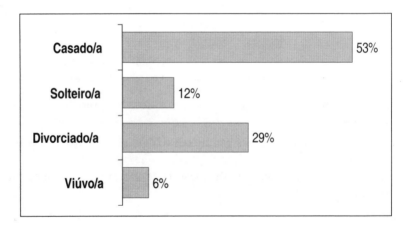

- os respondentes classificados da classe social A1 que frequentam bares se encontram na sua maioria entre 31 e 45 anos;
- a maioria é composta por homens, e mais da metade dos respondentes é casada.